Viktor W. Ziegler

Mit NICHTS zum Erfolg

Schöpfen Sie aus der Kraft des bewussten Innehaltens

UEBERREUTER

Bildnachweis

S. 53: © Votava
S. 57: © Jupiterimages
S. 121: © Jupiterimages
S. 133: © CORBIS
S. 205: © Sebastian Kaulitz #4724867, Fotolia
Alle weiteren Fotos stammen aus dem Privatbesitz Viktor W. Zieglers

ISBN 978-3-8000-7360-3

Covergestaltung: Marcus Heider | Böser Wolf Design – www.boeserwolf.at
Coverfoto: photocase.com © Mark Petrisch

Druck: Druckerei Theiss GmbH, A-9431 St. Stefan i. L.
Gedruckt auf Salzer Papier
7 6 5 4 3 2 1

Ueberreuter im Internet: www.ueberreuter.at

Inhalt

Vorwort

Wir leben in einer Zeit und einer Gesellschaft, die geprägt wird von unentwegtem Streben nach Besitz, Profit, Ansehen und Macht. Und wir erziehen auch unsere Kinder nach diesen Lebensprioritäten. So, wie wir von unseren Eltern, in der Schule des Lebens, des Erwachsen-Werdens, auch schon erzogen wurden. Oberstes Gesetz dabei: jede sich bietende Chance zu ergreifen, zu nutzen, um Energie zu gewinnen – wo und wie auch immer.

Energie vor allem in Form von Geld als »fließender Energie«. Einer Energie, mit der wir wiederum jede andere Energie kaufen können. Ganz nach dem physikalischen Gesetz, dass Energie nie verloren gehen kann, sondern immer nur ihre Form verändert!

Und am Ende unserer Tage, wenn unser Leben vor unserem geistigen Auge vorüberfliegt, dann werden wir all den verpassten Möglichkeiten und Chancen in unserem Leben nachtrauern und unglücklich sein. Glauben wir zumindest! Aber glauben heißt bekanntlich »nichts wissen«!

Dieses Buch soll den Irrglauben entlarven, dass nur ein Leben voll Aktivitäten, unaufhaltsamen Tuns und voll des nie enden wollenden Kampfs um Ansehen und Macht ein erfülltes, erstrebenswertes Leben darstellt. Und es soll auch das in unserer »Aktions-Gesellschaft« weitverbreitete Vorurteil beseitigen helfen, dass bewusstes Nichts-Tun nur eine Form von Faulheit und Müßiggang, von Schmarotzertum und Erfolglosigkeit sei.

Bewusstes Nichts-Tun, Innehalten, die Ruhe und Stille, die schöpferische Pause, warten, auf- und zuhören, hören zu können – das ist ein erstrebenswertes Erfolgsprinzip. Ein Prinzip, zusammengefasst in sechs »goldene Regeln«, die jederzeit leicht angewendet werden können. Regeln, die uns zu einem weisen Schöpfer eines glücklichen und erfüllten Lebens werden lassen. Denn: Das Richtige zu tun – das ist Erfolg. Das Falsche nicht zu tun, das ist Weisheit! Und: Eine verpasste Chance ist immer noch besser als ein nicht wieder gut zu machender Fehler!

»Ach hätt' ich das bloß nicht gesagt (getan, geschrieben etc.).« Dieses Bedauern kennen wir alle nur zu gut. Etwas nicht getan zu haben, kann unser Leben positiv wie negativ beeinflussen. Denn auch die *negative* Form des Nichts-Tuns ist Bestandteil unseres Lebens geworden. Auch das soll mit diesem Buch aufgezeigt werden. Nicht mit philosophischen Abhandlungen oder theoretischen Möglichkeitsszenarien, sondern mit praktischen, aus dem Leben gegriffenen Beispielen. Sie sollen aufzeigen, dass bewusstes Nichts-Tun, Innehalten, für unser Wohlergehen und unser Glück eine ganz wesentliche, aber weitgehend unerkannte Rolle spielt. Dass es weitaus schwieriger ist, bewusst, Energie schöpfend, nichts zu tun und innezuhalten, als spontan zu agieren und reagieren. Und dass wir das lernen können, wenn wir wollen.

Wenn Sie, liebe Leser, dieses Buch gelesen haben, werden sie nicht mehr derselbe Mensch sein wie vorher. Aber auch dieses Buch wird nicht mehr dasselbe sein, denn es wird alle Ihre gedanklichen Energien enthalten oder Ihre Notizen auf dem »Nichts«, den dafür vorgesehenen leeren Seiten.

Ich bin mir sicher, Sie werden damit Freude und Erfolg haben.

Viktor W. Ziegler

ET NON FACERE FACERE EST.

»Auch Unterlassen ist Tun.«

Paulus, römischer Jurist und Rechtsgelehrter, ca. 160–230 n. Chr.

Leere Seiten – Platz für Gedanken, Kreativität

Vor einigen Jahren – ich lebte damals noch in Riyadh, der Hauptstadt des Königreiches Saudi-Arabien – verbrachte ich einmal einen wunderschön-langen Abend mit meinem Freund Urs Bachmann, einem Schweizer Hotelmanager in Riyadh, der auf mysteriöse Art in Mexiko ums Leben kommen sollte. Man weiß bis heute nicht, woran er wirklich gestorben ist.

Dieser Freund, mit dem ich oft bis in die frühen Morgenstunden über »Gott und die Welt« diskutierte, schrieb mir, nachdem wir eine ganze Nacht lang über das Thema »Liebe« und was Liebe eigentlich sei, gesprochen hatten, am darauffolgenden Morgen in mein Gästebuch:

»Was ist Liebe?

Die Antwort ist einfach! Die Ausführung ist schwer!

Vertrauen – Achtung – Freundschaft?

Liebe Leser und Freunde von Viktor. Der nachstehende Platz von sieben Zentimetern und zwei Minuten erlaubt das Nachdenken ...
Sei ehrlich zu dir selbst – Was ist Liebe?«

Und dann zeichnete er einen sieben Zentimeter breiten Rahmen. Leer. Schrieb nichts hinein. Er ließ freien Raum für die Gedanken jener, die vielleicht einmal seine Eintragung lesen würden. Für jene, die vielleicht darüber nachdenken würden und diesen leeren Raum füllen. Mit eigenen Gedanken, Erfahrungen, Anschauungen.

Für mich ist es das wertvollste Nichts, das man mir je geschenkt hat, und ich glaube, schon damals fixierte sich in meinem emotionalen Gedächtnis unauslöschlich der Gedanke von der unentdeckten Bedeutung des Nichts in unserem Leben.

Dieses »Geschenk« möchte ich daher gerne an Sie weitergeben. Sie werden im Buch einige leere Seiten finden, leere Seiten für Ihre ganz persönlichen Gedanken zu den einzelnen Kapiteln, Themen, Erklärungen, die Sie gelesen haben ... denn Sie werden, wenn Sie dieses Buch gelesen haben, ob Sie nun wollen oder nicht, nicht mehr der gleiche Mensch sein wie zuvor.

Ich weiß, in ein Buch schreibt man nicht. Man macht auch keine »Eselsohren« ...

In dieses Buch schon. Durchbrechen wir dieses Vorurteil, diese anerzogene Gewohnheit, die da heißt: »In ein Buch schreibt man nicht« gleich mit dem ersten bewussten Nicht-Handeln. Indem wir eine von vielen »alten Gewohnheiten« ablegen und nicht mehr anwenden. Um unsere Gedanken in dieses Buch zu schreiben.

Vielleicht werden Ihre Kinder, Ihre Enkel oder Urenkel, wer weiß, einmal große Freude daran haben, dass Sie dieses Buch »nicht nur« gelesen, dass Sie dabei etwas gedacht, gefühlt, empfunden haben.

Ein Buch ist etwas sehr Persönliches. Wenn man es gelesen hat, dann beinhaltet es auch alle Gedanken, Eindrücke und Empfindungen des Lesers. Schon alleine aus der Tatsache, dass es gelesen wurde.

Darum borgen wir Bücher auch nicht gerne aus. Und die Vorstellung, dass jemand unsere Gedanken lesen könnte, bereitet uns Unbehagen.

Außer, wir schreiben diese nieder. Zum Beispiel in dieses Buch.

Lesen Sie es und – hinterlassen Sie es – mit Ihren geschriebenen Gedanken.

Kreativität aus dem Nichts, der Leere

Ein leeres Blatt, auf dem (noch) nichts geschrieben steht, eine leere Leinwand, auf der (noch) nichts gemalt wurde. Ein leeres Tonband, eine leere Filmrolle. »Leer. Nichts darauf ...«, würden wir sagen. Und doch der entscheidende Ausgangspunkt jeglicher Kreativität, jeglicher schöpferischen Tat des Menschen. Der Beginn von Kreativität – aus der Leere, aus dem Nichts!

Kreativität – von lat. creatio: Schöpfung – ist eine schöpferische Leistung, deren Ergebnis ein Kunstwerk ist. Ganz gleich, wie es aussehen mag. Wir Menschen haben unterschiedliche Vorstellungen, was Kunst ist und was nicht.

Kreativität ist überall, wo Energie ist. Somit finden wir Kreativität überall in unserem Leben. Kreativität ist eine intelligente Sonderform der Produktivität und somit die wohl hervorragendste und wichtigste Eigenschaft des Menschen.

Kreativität setzt voraus, dass wir den Mut aufbringen, aus dem Nichts etwas Neues zu schaffen und dabei oft gegen bestehende Regeln und eingemauerte Werte zu denken, zu handeln oder nicht zu handeln ... oder neue aufzustellen.

Kreativität ist ein »Spiegelbild« des menschlichen Charakters und zeigt, wie er Probleme löst, wie er mit Dingen im Alltag umgeht, und wie – auf welche Art und Weise – er es schafft, immer wieder an jene Energie zu kommen, die er für ein glückliches und zufriedenes Leben in Harmonie und Frieden benötigt.

Ohne das Nichts auf einem Blatt Papier, einer Leinwand, einem Film ... ohne Stille wäre alles, was wir schaffen, nur ein Ver- oder Abändern, ein Kopieren, ein Ergänzen. Aber keinesfalls Kreativität!

Das gilt auch für unser Denken. Für die Gedankenmuster, die wir uns geschaffen haben und die uns sagen, was Gut und was Böse, was

Recht und Unrecht ist; was man von uns erwartet und wie wir uns zu verhalten haben.

Neues Denken, Denken mit neuen Werten, das ist auch Kreativität. Denn mit dem Ändern unserer Gedanken ändern wir uns selbst, werden wir »ein neuer Mensch«! Aber auch einfache, unbedachte Gegenstände in unserem Alltagsleben würden ohne »Nichts«, ohne »Leere«, »Stille«, »Innehalten«, nicht existieren. Hätten keine Funktion, keinen Wert, für uns Menschen.

Was wäre ein Haus ohne »leere Räume« zum Leben, ein Rad, ein Bretterzaun ohne »leere Zwischenräume«, ein Musikstück ohne »Pausen« zwischen den Noten, ein Krug, ein Glas, eine Flasche, ohne leeren Raum zum Füllen?

Aber wie sieht es mit dem Nichts und seiner Form des Nichts-Tuns in unserem Leben aus?

Nichts ist schwieriger als ...

Die schlechte Nachricht zuerst: »Gar nichts tun, das ist die schwierigste Beschäftigung und zugleich diejenige, die am meisten Geist voraussetzt!«, sagte schon Oscar Wilde.

Nichts ist schwieriger, als bewusst nichts zu tun. Mindestens so schwierig wie aufzustehen, seine für andere vielleicht unangenehme Meinung zu vertreten. Nein zu sagen, wo alle ein Ja erwarten oder es zumindest der bequemere, leichtere Weg wäre. Gegen den Strom zu schwimmen. Gegen die Meinung, die Uniformität, anderer aufzutreten.

»Nichts-Tun« – und da wird nicht zwischen bewusst oder unbewusst unterschieden – ist in unserer Gesellschaft grundsätzlich negativ besetzt. Nichts-Tun widerspricht unserer Erziehung, die geprägt wird von Aktivität, von Arbeit, etwas schaffen. Und das, obwohl wir bereits im Kindesalter die »hohe Kunst des Nicht-Tuns« in Form der nur allzu bekannten »Trotzphase« ausüben. Oft bis zur Schmerzgrenze der Eltern (und darüber hinaus) wird vom Kind erprobt, wie weit man mit der strikten Ablehnung von erwünschtem Tun gehen kann. Je nach dem Gedulds- und Belastbarkeitsniveau der Eltern kann das sehr weit gehen. Meistens ist dies – glücklicherweise (für die leidgeplagten Eltern) – ein sehr kurzer Lebensabschnitt, in dem als Kind grundsätzlich auf alles mit einem Nein geantwortet wird. In dem das Kind das Gegenteil von dem tut, was man gerne von ihm hätte ... oder in dem es schlicht und einfach »gar nichts« tut!

Zwar lernen Eltern meistens sehr schnell eine, wie sie meinen, erfolgversprechende »Gegentaktik«, nämlich Dinge, die sie gerne getan haben möchten, als »tu das ja nicht« hinzustellen. Um es unverzüglich vom Kind erledigt zu bekommen. Aber nur allzu oft hilft auch dieser Trick nicht ... und endet im trotzigen Nicht-Tun.

Als Erwachsene müssen wir Ver-Lerntes wieder er-lernen. Nicht nur das Spielen. Das Wieder-Erlernen allerdings ist meistens unverhältnismäßig schwieriger. So müssen wir auch das – bewusste – »Nichts-Tun« aus Kindertagen wieder erlernen, hat man uns doch auf dem Weg zum Erwachsenwerden beigebracht, dass wir immer aktiv sein müssen, agieren, reagieren, handeln, managen. Und dass Müßiggang aller Laster Anfang sei! Dass wir alle unsere Energien unentwegt in »Tun« in »Handlungen« umwandeln, etwas schaffen sollen. Dass »Nichts-Tun« grundsätzlich negativ und unsozial, nicht erstrebenswert – falsch – ist. Und nun sollen wir plötzlich nichts tun, bewusst nicht handeln?

Ja. Wir sollen freiwillig lernen, bewusst, von Zeit zu Zeit, in Momenten, in denen wir all unsere Energie und Kraft benötigen, da sollen wir – nichts tun. Denn wenn wir das nicht lernen, bewusst und freiwillig lernen, dann werden wir es irgendwann einmal lernen müssen. Aber dann wird es vielleicht nicht mehr unser freier Wille sein, der dahinter steckt. Dann werden wir vielleicht dazu gezwungen werden. »Vom Schicksal«, wie wir dann sagen, dem wir dann die Schuld für unsere missliche Lage, unsere Krankheit oder unserem Versagen, unseren Stress, Depressionen, Unglück, geben werden.

Wenn wir uns nicht die Zeit für ein gesundes Leben, geistig und körperlich, nehmen, dann werden wir uns eines Tages die Zeit nehmen müssen, krank zu sein ...

Aber nun die gute Nachricht: Was das Erlernen des bewussten Nichts-Tuns betrifft, so können wir, wenn wir wollen, es auch schaffen!

Die elementare Voraussetzung dafür: Wir müssen daran glauben, um damit zu beginnen. Daran glauben, dass wir damit unser Leben mit einer ungeahnten Energie bereichern können. Denn wissen werden wir es erst, nachdem wir es gelernt und bewusst angewendet haben!

Wir können lernen, unseren stets auf Aktivität programmierten und konditionierten Körper und der damit verbundenen Gedankenwelt eine Pause zu gewähren. »Abschalten«, wie wir sagen. Für kurze Zeit eine »Aus-Zeit« nehmen. Zu einem Zeitpunkt, den wir bestimmen. Und sonst niemand! Und für solange, wie wir es für richtig erachten. Wir ganz alleine.

Unser Energie produzierender und verbrauchender Körper repräsentiert in unserem Leben das unentwegte aktive Tun! Er »funktioniert« ununterbrochen, ohne unsere bewusste Steuerung, Beeinflussung. Unbewusst und im Normalfall unbemerkt »arbeiten« Herz, Kreislauf, Atmung, Verdauung – alle unsere lebenserhaltenden Körpersysteme, für die ein »Nichts-Tun« eine tödliche Gefahr, im besten Fall eine ernst zu nehmende Krankheit darstellen würde.

Und doch: Auch sie kennen bewusstes Nichts-Tun. Das pumpende Herz zum Beispiel mit der Phase zwischen ihrem Zusammenziehen und Ausdehnen oder unsere Atmung mit der Atempause zwischen dem Ein- und dem Ausatmen. Jenem Moment, in dem der Schlaf zu uns Menschen kommt.

Unser »Geist«, Schöpfer unserer Gedanken, von Bewusstsein und Unterbewusstsein, er bestimmt über »Nichts« und »Etwas« in unserem Leben. Das, was wir anstreben, was wir erreichen wollen, uns wünschen. Auch, ob das unentwegte, oft fremdgesteuerte und gewohnheitsmäßige Tun, die Aktivität in allen Lebenslagen, in unserem Leben oberste Priorität hat. Ob wir im Hamsterrad unserer Gewohnheiten dahinrasen oder – von Zeit zu Zeit – eine Pause einlegen, bewusst nichts tun. Ruhe, Stille, Entspannung, Schlaf genießen. Eine »schöpferische Pause« in der Hektik des Alltags.

Unseren Körper, aber auch den unentwegten Lauf unserer Gedanken bewusst »abschalten«. In »Leerlauf« versetzen, auf »Standby« (Bereitschaft) stellen, wie es in der Computersprache heißt.

Unseren Sinnen freien Lauf gewähren. Uns und unser »Seelenhaus« weit öffnen, wie die Fenster und Türen eines Hauses. Um Sonnenstrahlen und frische Luft, Freunde oder Gäste einzulassen:

Gedanken wandern, fliegen lassen, auf Reisen schicken – ohne Ziel. Nichts festhalten. Loslassen – geschehen lassen – nichts tun!

Buddha lag unter dem Baum der Erkenntnis, erzählt die Geschichte von seiner Erleuchtung, und Newton lag angeblich ebenfalls unter einem Baum, als er die Idee zum Gesetz der Schwerkraft hatte. Indem er einen herabfallenden Apfel beobachtete.

Und einer der wohl Größten, Leonardo da Vinci, verdankt alle seine noch bis heute gültigen Erfindungen und Visionen seiner Gabe, die Natur mit allen seinen Sinnen zu beobachten, das aktive, kreative Nichts-Tun zu praktizieren und geschehen zu lassen.

Als Leonardo da Vinci 1519 im Alter von 67 Jahren starb, verließ einer der wohl außergewöhnlichsten Menschen unsere Welt. Er verstarb im festen Glauben, der Mensch werde eines Tages »ohne fremde Kräfte« den Traum vom Fliegen verwirklichen. Er hinterließ mehr als 5000 Seiten an »Träumen« und »Visionen«.

Leonardo da Vinci hatte die einzigartige Gabe, mit Geduld und Demut alles zu beobachten. Zuzusehen, zuzuhören ... in sich hinein, auf sein »höheres Ich« zu hören. Und so finden wir in seinen Visionen auch Skizzen vom Unterseeboot bis zum Bratspieß und vieles mehr. Vor fast 500 Jahren utopische Dinge. Heute nicht mehr wegzudenkende Bestandteile unseres Lebens. Geboren aus der unendlichen Kraft und Kreativität des bewussten Nicht-Handelns, Nichts-Tuns!

Wir können dies auch. In jedem von uns schlummert ein Buddha oder Leonardo da Vinci oder beide zugleich. Und alleine wir sind es, die bestimmen, wie wir die uns von der Schöpfung auf unseren Lebensweg mitgegebenen Fähigkeiten nutzen wollen.

Wir bestimmen, wann wir aktiv sein wollen und sollen – und wann nicht.

NICHTS ist überall!

Leerer Raum – zwischen den Speichen eines Rades, in einem Gefäß ebenso wie zwischen den Mauern eines Hauses.

»So ist das Sichtbare zwar von Nutzen, doch das Wesentliche, das Nichts, bleibt unsichtbar.«
(Laotse)

Alles in unserem Leben kann »etwas« sein.

Alles, was wir erklären, mit unseren Sinnen wahr-nehmen können, alles, dem wir einen Namen geben, als »Ding« oder aber auch – negativ beurteilt – als »Unding« bezeichnen können, ist »etwas«. Etwas, das »existiert« und von unserem Bewusst-Sein als bestehend, als »Da-Sein«, erkannt wird, stellt für uns meistens kein Problem dar. Bewusst-Sein stellt für uns im herkömmlichen Sinn gespeichertes Wissen dar. Ohne Wissen kein Bewusst-Sein. Ohne Bewusst-Sein kein »Etwas«, kein Ding.

»No-thing«, wie man im Englischen sagt. Kein Ding. Nichts!

Wie sieht es da aber mit dem Begriff des »Nichts« aus? Ist »nichts« denn nicht auch »etwas«? Ist bewusstes Nichts-Tun nicht doch auch Tun?

Wenn auch in der Philosophie behauptet wird, es gäbe nur ein Nichts, so tritt dieses doch in unzähligen und unterschiedlichsten Formen, bewusst und unbewusst, erkannt und unerkannt, in unserem Leben auf. Als Abwesenheit von »etwas« – von Dingen zum Beispiel. Nichts auch als Gegenbegriff von Sein, von Da-Sein oder Vorhanden-Sein. Von allem, was wir durch unsere Sinne wahr-nehmen, durch unser Bewusst-Sein zuordnen können. Das uns somit bekannt ist.

Unbekanntes wird für uns zum »Nichts«, wenn es als »Etwas« in unserem Wissensspeicher nicht existiert. Wenn es keinem Ding, keiner Sinneswahrnehmung zuordenbar und somit »nicht erklärbar«, für unseren Verstand nicht »verständlich« ist.

Dieses Nichts begleitet uns von unserer Geburt aus dem Nichts, dem uns Unbekannten, bis zum Tod. In ein anderes – oder vielleicht das gleiche? – Nichts. Und dazwischen, da leben wir. Mit allen unseren Freuden und Schmerzen, den Hochs und den Tiefs, die unser Leben auf diesem Planeten ausmachen. Ein Leben, das wir in Glück und Harmonie, in Liebe und Geborgenheit, Sicherheit und materiellem Wohlstand zu führen wünschen. Gesund und erfolgreich. »Erfüllt«, wie wir sagen.

Was eine Suche nach dem Nichts betrifft, so ist es dabei nicht notwendig, besonders aktiv zu forschen. Aufmerksamkeit im und für das Leben und auf die unentwegten Zeichen, die wir erhalten, reicht dafür aus. Das zeigt uns bereits den Weg, »Dao«, wie die Anhänger des Daoismus, der Lehre des chinesischen Philosophen Laotse, sagen.

Mit Achtsamkeit in unserem Leben ist es nicht schwer, die Bedeutung des Nichts in allen seinen verschiedenen Formen zu erkennen und uns für unser Leben nutzbar zu machen. Die einfachste Übung besteht bereits darin, dass wir versuchen, uns zu erinnern, wie oft und bei welchen Gelegenheiten wir festgestellt haben:

»Ach hätt' ich das bloß *nicht* gesagt ... getan ... geschrieben ...« Und: »Nichts wäre wohl besser gewesen ...!«

Worte, Taten, die wir bedauern und nur allzu oft gerne wieder zurückgenommen, ungeschehen gemacht hätten. In vielen, ja den meisten Fällen geht dies zu unserem Bedauern und oft auch Schaden nicht mehr oder nur mit Ärger oder Schmerzen. Oder mit Enttäuschung, Verlust an Liebe, vielleicht einer Anstellung. Verlust an materiellen oder ideologischen Werten. Vielleicht auch Verlust an Ansehen – vor allem vor uns selbst! So, wie wir eine Kugel, die den Lauf des Gewehrs verlassen hat, nicht mehr zurückholen können!

In vielen dieser Fälle liegt es weniger an dem, was wir denken, machen, sagen oder schreiben. Es ist vielleicht bloß nicht der richtige Zeitpunkt dafür. Oder der richtige Ort, die richtige Person.

Etwas nicht oder noch nicht zu tun, kann über Erfolg oder Misserfolg entscheiden. Dinge nicht zu machen, etwas nicht zu sagen ... oder noch nicht, gibt uns die Möglichkeit, aus der Position der Ruhe und Ausgeglichenheit energievoll aktiv zu sein und den dafür »richtigen Zeitpunkt« bewusst auszuwählen.

Die alten Griechen wussten schon über die unendliche Kraft des bewussten (noch) Nicht-Handelns Bescheid: »Das Richtige zum richtigen Zeitpunkt zu tun«, sagten sie, »das ist Erfolg! Das Falsche nicht zu tun, das ist Weisheit!« Wie zum Beispiel Diogenes, von dem man sich erzählt, dass er jeden Tag auf den Markt ging und stundenlang von einem Händler zum anderen wanderte und interessiert die angebotenen Waren betrachtete ... aber nie auch nur ein Stück kaufte.

Auf die Frage, warum er denn dies tue, jeden Tag Stunden auf der Agora, dem Markt, zu verbringen und *nichts* zu kaufen, da antwortete er: »Es ist ganz einfach beglückend zu sehen, was es alles zu kaufen gibt, ohne das ich auch glücklich bin!«

Glücklich sein – ohne die nie enden wollende Abhängigkeit von materiellen Werten. Von selbst auferlegten Wünschen und Sehnsüchten, von Erfolgszwang und Ehrgeiz.

Wenn uns das gelingt, und davon bin ich überzeugt, dann werden wir, gewollt oder ungewollt, auch zu Philosophen, zu Freunden (gr. »philos«) der Weisheit (gr. »sophia«) ...

Nichts – ent-decken und er-finden

Man kann Altes neu ent-decken und im Neuen Altes wieder finden. Unsere Erinnerungen und die Gabe der Phantasie, der Kraft unserer Vorstellung, machen es möglich.

Ent-decken, aufdecken, was irgendwo in unserem Unterbewusstsein bereits verborgen schlummert, um von uns ent-deckt zu werden. Und er-finden ... finden, was wir entdeckt haben und in unserem Bewusstsein bisher nicht vorhanden war.

»Gegen bestehende Regeln denken, neue erfinden ...« gilt als Basis für die Kreativität des Entdeckens und Erfindens. Das erfordert unseren Willen und unseren Mut. Nicht Angst und Zweifel.

»Du wirst keine neuen Meere entdecken, wenn du nicht den Mut hast, die Küste aus den Augen zu verlieren«, heißt es.

So ist es auch mit dem Entdecken des bewussten Nicht-Handelns und dem Finden der unendlichen Kraft, die in ihm schlummert und nur darauf wartet, von uns als sinnvolle Energie für ein harmonisches, friedvolles und glückerfülltes Leben genutzt zu werden.

Aber wie gesagt, das erfordert Mut.

Mut, anders zu sein als die Masse unserer Mitmenschen. Anders zu denken, zu handeln oder nicht zu handeln. Mut, alte Regeln, Gewohnheiten, Auffassungen, Lehren umzustoßen, zu hinterfragen, wie zum Beispiel die Diffamierung des bewussten Nichts-Tuns als Faul-Sein, Schmarotzen und Müßiggang.

Den Mut aufbringen, aus dem Alltagstrott unserer Gewohnheiten auszubrechen, das ist nicht leicht. Auch nicht, unsere Ängste abzulegen, zu bekämpfen. Vor allem die soziale Angst des »was werden die anderen von mir denken, halten ...?«.

Aber das ist nicht entscheidend und nur dann für uns wichtig, wenn wir dem eine Bedeutung geben. Wenn wir es »wichtig machen«. Wenn wir immer nur das tun – oder nicht –, was »die anderen« von uns erwarten. Und Entdeckungen, Erfindungen ... bewusstes, kreatives Nichts-Tun, Nicht-Handeln, das erwartet ganz sicher niemand von uns.

Aber es gibt immer mehr Menschen, die erkannt, entdeckt haben, dass sie sich mit ihren Lebensgewohnheiten und Anschauungen in einem Hamsterrad befinden. Die wie ein Hamster immer schneller und schneller laufen, handeln, ohne Pause aktiv sind. Aktiv sein müssen, wie sie glauben. Getrieben von der Macht der Gewohnheit und dem Druck der Gesellschaft und den eigenen, unbewusst falschen Erwartungen und Wünschen, haben sie Angst, aus dem Rad herauszuspringen und es zu stoppen.

Nichts – aus Erfahrung lernen

»Lerne aus den Erfahrungen anderer, denn du wirst nicht lange genug leben, um sie alle selbst zu machen!«

Ich weiß nicht, von wem dieser weise Ausspruch stammt, aber das ist auch nicht so wichtig. Wichtig ist nur, dass wir gut beraten sind, wenn wir aus oder durch die Erfahrungen anderer Menschen für unser Leben lernen. Das heißt nicht, dass wir alles so tun – oder nicht tun – sollen, wie unsere Mitmenschen uns vorleben. Nur weil diese damit in ihrem Leben eine bestimmte Erfahrung gemacht haben. Das heißt nur, dass wir für die Ratschläge, die Meinungen und das Wissen anderer offen sind. Dass wir auch uns vielleicht fremdes, unbekanntes Gedankengut zulassen und tolerieren und versuchen, daraus für unser Leben, und um das geht es ja, zu lernen.

Als Kind ist es für uns selbstverständlich, auf das zu hören, was uns von unseren Lehrern und vor allem unseren Eltern gelehrt wird. Es ist Bestandteil unserer geistigen Nahrung auf unserem Weg des Erwachsenwerdens, das natürlich auch geprägt wird von unseren eigenen Erfahrungen. Stets verbunden mit den nur zu gut bekannten wissensdurstigen Fragen nach dem »Warum ist das so?«

»Warum ist jetzt Winter?« »Warum scheint die Sonne?« »Warum leuchten die Sterne?« »Warum bist du, Papa, ein Mann und Mama ist eine Frau?«

Mit und nach der Pubertät wandelt sich das neugierige Wissen-Wollen zur Phase der wachsenden Selbstständigkeit. Selbst-ständig, auf eigenen Beinen stehen, unabhängig sein, wie es das Wort sagt. Die Unterschiede zwischen den Generationen werden so oft zu unüberbrückbaren Auffassungsunterschieden zwischen Eltern und Kindern. Und zu tagtäglichen Reibungspunkten. Aber auch diese »Reibungsenergie« ändert ihre Form (wie jede Energie, wie wir bereits festgestellt haben), und gerade hier spielt das verantwortungsvolle Verhalten der Eltern (Älteren) als Lebens-Lehrer eine bedeutende Rolle. Hier zeigt es sich, ob es Vater und Mutter gelungen ist, ihrem Kind Lebenswerte und das alles entscheidende Bewusstsein für bewusstes Nicht-Handeln, das Los- und Zulassen von Liebe, zu vermitteln.

Liebe zu allem. Beginnend bei uns selbst bis hin zu allem, das uns umgibt. Menschen, Tiere, Pflanzen, das Wasser im Fluss und das Rauschen der Blätter im Wind – alles. Es ist, bewusst und oft unbewusst, Bestandteil unseres Lebens. Das wir damit ebenfalls mit der Energie unserer Liebe erfüllen.

Bei meiner jahrelangen Arbeit an diesem Buch habe ich auch auf die Erfahrung von Freunden und Bekannten gebaut. Berühmte und weniger berühmte Personen, Verwandte, Kollegen, Künstler waren in diesem »Beraterkreis«. Von der Hausfrau zum Flugkapitän, vom Priester zum Showmaster. Ich habe sie gebeten, mir ihre Meinung, ihre Erfahrung mit dem bewussten Nicht-Handeln in ihrem Leben mitzuteilen; aber auch ihre Einstellung zu einer Lebensphilosophie, die auf bewusstes Nichts-Tun aufbaut und dem Grundsatz folgt: Die wichtigsten Dinge im Leben sind die, die wir nicht tun!

Ich muss gestehen, nicht alle der von mir »Auserwählten« haben mir tatsächlich geschrieben oder mit mir über das Thema Nichts diskutiert.

Einige haben es vorgezogen, nichts zu tun.

Dafür sind aber andere Personen, mit denen ich nie gerechnet hatte, plötzlich mit ihrer Meinung und Erfahrung an mich herangetreten. Personen, denen ich nie zugetraut hätte, dass sie sich je mit diesem doch eher ungewöhnlichen Thema befassen würden.

Als Beispiel eines der unzähligen wertvollen und überaus interessanten Beiträge möchte ich gerne jenen des ehemaligen Vorstandsdirektors der Austrian Airlines, Dr. Hubert Papousek, hervorheben:

NICHTS-MACHT-ERFOLG-REICHER

Vom römischen Juristen Paulus (ca. 160–230 n. Chr.) wird die Rechtsregel ET NON FACERE FACERE EST (auch Unterlassen ist Tun) überliefert.

Der Begriff ist vorwiegend negativ besetzt: Man denkt unwillkürlich an die unterlassene Hilfe, ans Wegschauen vor der Not und letzten Endes an alle Formen eines übersteigerten Egoismus bis hin zum Versuch einer Rechtfertigung »neutralen Verhaltens«.

Auf der Suche nach einem positiven Inhalt des Unterlassens bin ich auf das »Innehalten« gestoßen, eine Art des bewussten »Nicht-Handelns« mit oft wertvollem Ergebnis. Dabei ist dieses Innehalten bei mir immer mit einer bewussten Distanzierung von den mich bewegenden Vorgängen verbunden; das lässt sich leichter mit einem Gleichnis erklären:

Wenn ich im Fluss der Zeit schwimme, bin ich meistens der Geschobene, der Mitgerissene und kaum der die Richtung Bestimmende. Bei Gefahr, in einem Strudel die Orientierung zu verlieren, versuche ich entweder Halt an einem Felsen im Strom zu finden oder ein stilles Wasser in Ufernähe zu erreichen. In besonders kritischen

Situationen ist die beste Hilfe ein Baum, auf den man klettern kann, um den Horizont zu erweitern. Richard A. Bermann alias Arnold Höllriegel schreibt im ersten Kapitel seiner Autobiografie »Die Fahrt auf dem Katarakt«: »Bevor ein Strom wild schäumend einen Katarakt hinunterstürzt, fließt er oft eine Zeit lang besonders ruhig und friedlich zwischen seinen Ufern.«

Wir können dem letzten Katarakt am Ende unseres Weges durch die Zeit nicht entkommen, aber gefährliche Stromschnellen zeitgerecht erkennen und sie besser bewältigen.

Die Bandbreite des Innehaltens ist groß: Sie reicht vom kurzen Verschnaufen bei einer Weggabelung während einer Bergwanderung bis zur längeren schöpferischen Pause bei der Gestaltung des beruflichen und privaten Lebens. Letztlich dienen auch die Religion mit ihren Empfehlungen für Fasten, Gewissenserforschung und Meditation diesem Zweck.

Eine praktische Hilfe bei diesem Innehalten war mir immer das »autogene Training« und eine Regel aus den Lebensweisheiten Johannes XXIII.: »Nimm dich nicht so wichtig.«

Ein Beispiel von vielen, die ich in den letzten Jahren erhalten und gesammelt habe und ohne die dieses Buch nie entstanden wäre. Ich möchte mich daher an dieser Stelle bei ihnen allen bedanken. In der einen oder anderen Form werden sie zu Wort kommen oder als Beispiel vorgestellt. Danke.

Nichts – ein Rätsel?

Der Begriff »Nichts« findet sich in der Alltagssprache ebenso wie in den Konzepten der Philosophie – aber auch in abgewandelter Form in der Physik, den Naturwissenschaften und in der Mathematik unter der Bezeichnung Null. (Als Symbol für »nichts« wird die Zahl Null durchgestrichen.)

So unzählig die Erscheinungsbilder und Formen sind, in denen uns »Nichts« in unserem Leben begegnet, kann man von folgenden Grundformen ausgehen:

1. »Das Nichts« als »Gegenstand« – (ein) Etwas, das nicht vorhanden ist. Als Gegenteil von »Sein« (vorhanden sein), leerer Raum, in dem nichts ist oder wir zumindest annehmen, dass nichts darin sei (siehe Vakuum). Also nichts, das wir mit unseren Sinnen sehen, greifen, spüren, riechen, hören können – noch nicht, oder nicht bewusst, wie wir später feststellen werden.

2. »Nichts« in unserem Sprachgebrauch in allen seinen Formen als Verneinung. Etwas nicht tun (nichts tun, das »Nichts« tun ...?), nicht sehen (nichts sehen, das »Nichts« sehen?), nicht da sein, eine Nichtigkeit, ver-nicht-en ... die Liste ist sehr lang.

3. Das Nichts in der Philosophie, Metaphysik, Esoterik ... Gedankenmuster und Interpretationen auf der Suche nach der Antwort zu den alles beherrschenden Fragen »ist Nichts vielleicht doch Etwas ...«, kann es sein, dass es »nichts gar nicht gibt?«, »aus dem Nichts geboren?«

4. »Nichts« – Null – in der Mathematik, die »Nichts« ja nicht anerkennt und dafür die Zahl »Null« verwendet. Eine Zahl, die ob deren »Macht« oft zu Unrecht mit »Nichts« gleichgestellt wird und zu Ableitungen in unserem Sprachgebrauch führt, das eine »Null« ein Mensch sei, der zu nichts tauge.

Diese vier vereinfachten Grundformen werden von uns im sprachlichen Alltag vermischt in Zusammenhänge gebracht. Bewusst und unbewusst.

So wie der »Null-Begriff« aus der Mathematik (4), auf den »ein Nichts-Gegenstand sein« (1) Bezug nimmt (also etwas, das nicht vorhanden ist, das nichts enthält, nichts wert ist ... also eine Null ist), so haben wir aus der Philosophie, der Physik, den Naturwissenschaften etc. Begriffe in unseren Sprachschatz eingebaut, ohne uns deren wahrer Bedeutung und Aussagekraft bewusst zu sein. Dies führt zu paradoxen Aussagen (Paradoxien), Behauptungen, die sich in ihrer Aussage widersprechen und – sich aufheben!

In Nichts!

Die vier Grundformen des Nichts

1. Das Vakuum – ein physikalisches Nichts?

Erinnern wir uns an den Physikunterricht in der Schule, als der Physiklehrer mittels Vakuumpumpe aus einem Behälter alle Luft gesaugt hatte und erklärte, dass das Wort Vakuum aus dem Lateinischen stamme und den Zustand in einem Raum beschreibe, in dem der Druck wesentlich geringer (oder gleich Null) sei als in der ihn außen umgebenden Atmosphäre.

Und dann zeigte er, was geschieht, wenn er dieses Vakuum, den Null-Druck, das Nichts, die Leere im Behälter (was enthielt er, es war ja *nichts* drinnen, fragten wir uns vielleicht) »los-lässt« ... und plötzlich waren wir, voll ungläubigem Erstaunen, mit einer unvorstellbaren Energie konfrontiert, einer Implosion, die in Bruchteilen von Sekunden, wie ein extremer Staubsauger, alles in sich aufsog, im Bestreben, die Leere im Behälter, das Nichts, mit »etwas« aufzufüllen. Den nicht vorhandenen Druck mit dem ihn umgebenden auszugleichen.

Inzwischen sind diese Lehren überholt, wenngleich immer noch das Vakuum als das »physikalische Nichts« in den Schulen gelehrt wird. Das absolute Vakuum aber gibt es in der Natur nicht. Selbst wenn es gelänge, ein 100%iges Vakuum zu schaffen, wäre es – wissenschaftlich erwiesen – nicht frei von »Ereignissen« oder »Materie«.

An diese physikalischen Gesetze sollte ich Jahre später wieder erinnert werden. Im positiven Zusammenhang mit der von Flugzeugtragflächen bekannten Aerodynamik, die durch ihre Form an den Oberflächen eine Art Vakuum (Unterdruck) erzeugen, so dass durch den unter den Tragflächen entstehenden Überdruck selbst hunderte Tonnen schwere Flugzeuge sicher in luftige Höhen getragen werden. Und noch viel später sollte ich mit der Tatsache konfrontiert werden, dass der menschliche Erfindergeist aus jedem und allem eine existenzbedrohende Waffe machen kann. Aus Flugzeugen ebenso wie aus den physikalischen Gesetzen des Vakuums.

In Form der sogenannten »Vakuumbombe«!

»Diese Bombe wird«, so erfuhr ich von Militärexperten, »nicht zur Explosion, sie wird zur ›Implosion‹ gebracht. Mittels sogenanntem ›Aerosol‹, das entzündet wird und eine Implosion erzeugt. Und diese Implosion wiederum erzeugt eine Art Vakuum, ein Nichts, das allen Druck, einfach alles – und somit auch Sauerstoff – aus der umgebenden Atmosphäre abzieht.« Jegliches Leben wird von diesem »Vakuum-Effekt« unverzüglich vernichtet, während Gebäude unbeschadet bleiben. Das einzige Problem für die Militärs: Diese wahnsinnige Waffe ist ihnen noch nicht »effizient« genug. Ich bin mir aber sicher, sie werden auch dieses Problem noch lösen.

1996 wurde sie im dritten Tschetschenien-Krieg bereits verwendet, in Afghanistan von den Amerikanern gegen Bin Laden in seinen unterirdischen Verstecken eingesetzt und natürlich gegen Saddam Hussein im Irak-Krieg. Man gab dieser »Mutter aller Bomben«, wie sie Militärs bezeichnen, den zynischen Namen »Daisy-Cutter« – »Gänseblümchen-Schneider«.

Mit etwas Aufmerksamkeit werden wir Berichte über die »erfolgreiche Weiterentwicklung« dieser »Nichts-Waffe« in den Medien finden. Man steht ja erst am »Anfang« eines unheilvollen »Endes«, das wir selbst bestimmen.

2. Das Nichts als Verneinung

Wir kennen sie alle, die Zehn Gebote Gottes, für die Menschheit festgehalten im Alten Testament, Exodus 20. Von Moses auf zwei Steintafeln niedergeschrieben und seit jeher von wichtiger Bedeutung für das Christen- und Judentum ... aber auch der Islam kennt und predigt sie.

Wie so vieles in unserem Leben, so wurden auch diese mehrere tausend Jahre alten »Lebensregeln« je nach Glaubensrichtung modifiziert und »ausgelegt«. Wie es der jeweiligen Glaubenslinie am besten ins Konzept passte.

Der genaue Wortlaut dieser Nicht-zu-tun-Regeln – soweit wir ihn überhaupt je gelernt haben – ist bei einem Großteil der Menschheit verloren gegangen. Angeblich sollen US-Amerikaner eine bedeutend bessere Kenntnis über die Zehn Gebote haben als wir Europäer. In Anbetracht eines Präsidenten namens George W. Bush als angeblich gläubigem Menschen möchte man dies eher bezweifeln. Aber ein Volk muss bekanntlich nicht gerade wie sein Präsident sein ... auch wenn es ihn gewählt hat.

Das sind sie, in »christlicher Kurzfassung«:

Ich bin dein Herr, dein Gott. Du sollst keine anderen Götter haben neben mir.

Du sollst den Namen des Herrn, deines Gottes, nicht missbrauchen.

Du sollst den Feiertag heiligen.

Du sollst deinen Vater und Mutter ehren.

Du sollst nicht töten.

Du sollst nicht ehebrechen.

Du sollst nicht stehlen.

Du sollst nicht falsch Zeugnis reden wider deinen Nächsten.

Du sollst nicht begehren deines Nächsten Haus.

Du sollst nicht begehren deines Nächsten Weib, Knecht, Magd, Vieh und alles, was der Nächste hat.

Im Religionsunterricht haben wir sie auswendig lernen müssen, wie im Deutschunterricht »Die Glocke« von Schiller. Aber vieles haben wir – da nicht »geübt« – wieder vergessen, verlernt. Wie die Strophen der Bundeshymne unseres Heimatlandes ... von der wir vielleicht höchstens die erste noch richtig wiedergeben können.

3. Das philosophische Nichts

Was ist eigentlich Nicht-Sein? Kann man das überhaupt denken? Kann man nichts denken?

Was ist eigentlich Stille, Leere? Nur die Abwesenheit, die Nicht-

Existenz von etwas, von Lärm, von Inhalt? Liegt im Nichts, wenn es überhaupt ein Nichts gibt, die schöpferische Kraft für unser Leben – und Über-Leben? In jenem Nichts, aus dem alles stammt. Ich, Sie, wir, die Erde, das ganze Universum ... Gott ? Oder ist das Nichts nur ein abstrakter Begriff für Un-Begreifbares? Etwas, das man nicht »angreifen« kann?

Denn würde es ein absolutes Nichts geben, dann wäre es – philosophisch gesehen – schon wieder kein Nichts mehr ...

Wurden wir, das Universum, aus dem Nichts geschaffen ... und was war vor dem Urknall?

Bereits vor Sokrates beschäftigte die Frage nach dem Nichts die westliche Philosophie und in weiterer Folge auch die frühchristliche Schöpfungsthematik, bei der man zum Schluss kam, dass die göttliche Schöpfung nur »ex nihilo«, also aus dem Nichts, erfolgt sein kann.

Das klingt alles nicht nur kompliziert, das ist es auch. Nicht nur für Nicht-Philosophen. Der Philosoph Martin Heidegger hat es, wie ich glaube, in eine leichter verständliche Formulierung verpackt, indem er sagt, dass erst durch das Nichts das Sein möglich ist und dass beide zusammengehören. Man könnte fast sagen, so wie gut und böse, groß und klein, hell und dunkel, kalt oder heiß. Denn gäbe es das eine nicht, gäbe es auch nicht das andere.

4. Das mathematische Nichts – null und nichtig?

Ich muss gestehen, mit Mathematik halte ich es mit Albert Einstein, der angeblich auch keine besondere Leuchte auf diesem Gebiet war. Wie ich, zu meinem Leidwesen und jenem meiner Eltern und meines Mathematiklehrers. Außer dem realen, lebensnahen herkömmlichen Rechnen hat mich Mathematik mit all den Wurzeln und Quadraten immer gelangweilt und verwirrt.

Hätte man mir damals auch noch erklärt, dass es keinen mathematischen Begriff »Nichts« gibt, dass »Null« eine Zahl ist. Dass null Äpfel nichts ist, aber die Zahl Null nicht nichts ... ich hätte die Mengenlehre noch weniger verstanden als ohnehin.

Wie als Bestätigung für meine Abneigung gegen Mathematik hat mir mein Freund Takis Kommatas, Rechtsanwalt in Athen, ein paradoxes Rechenbeispiel genannt:

17 Euro sollen auf drei Kinder aufgeteilt werden. Und zwar nach folgendem Aufteilungsschlüssel:
Der Ältere von ihnen soll die Hälfte,
der Mittlere ein Drittel und
der Jüngste ein Neuntel
bekommen.
Wie immer man es berechnet, mit 17 Euro geht es sich nicht aus. Schaffen Sie es?
Die Lösung des Rechenparadoxons:
Geben Sie – in Gedanken – einen Euro dazu, so dass Sie 18 Euro zur Verfügung haben. Und plötzlich geht die Rechnung auf.
Die Hälfte von 18 ist 9 ... die bekommt der Älteste.
Ein Drittel von 18 ist 6 ... für den Mittleren und
ein Neuntel von 18 ist 2 Euro für den jüngsten der Kinder. Zusammen 17. Und soviel war es ursprünglich ja.
Und ein Euro – der gedankliche oder auch echte – bleibt übrig.

Was das mit dem Thema Nichts zu tun hat? Nun, eigentlich hat man nur so getan, »als ob« man einen Euro mehr hätte. Dabei hat man mit nichts »etwas« gemacht – nämlich die gewünschte Aufteilung korrekt durchgeführt.

Wenn wir uns eine Null genau ansehen, dann ist es ein Kreis um ... *nichts*, um leeren Raum: 0. Diese Zahl Null, dieser »eingekreiste leere Raum«, birgt aber eine unvorstellbare, unheimlich anmutende Kraft, Energie in sich. Nämlich die Möglichkeit der unendlichen Vervielfältigung. Um aus einer einfachen 1 eine Million (1.000.000), eine Milliarde (1.000.000.000) und noch viel mehr zu machen.

Und wenn wir – zumindest symbolisch – aus der Zahl Null ein

»echtes Nichts« machen wollen, dann streichen wir, um klar auszudrücken, dass »Nichts« keine Zahl ist, die Null einfach durch: Ø.

Aber auch die Null als Zahl ist in unserem Alltagsleben nicht so verbreitet, wie es den Anschein hat. So werden wir weder im Kino eine Reihe Null noch eine Straße mit einer Hausnummer Null finden. Und auch die Jahreszahl Null finden wir nicht. Was, wie wir wissen, unsere Zeitrechnung eigentlich falsch macht – und ein Jahr weniger angibt, da dem christlichen Glauben gemäß Jesus im Jahr 1 geboren wurde. Und nicht im Jahre Null.

Dualitäten bestimmen unser Leben

Nichts existiert in unserem Da-Sein alleine. Alles besteht stets aus Dualitäten: Geburt/Tod, Glück/Unglück, schwarz/weiß, heiß/kalt, gut/böse. Dazwischen ... ***wir!***

Die Grafik versinnbildlicht auf einfache Art die gegensätzliche Existenz der Dualitäten. In unserem Fall von hell/dunkel, schwarz/weiß. Das eine kann ohne das andere nicht existieren. Dazwischen, da sind wir. Wir, im dualen »Graubereich« unseres Lebens. Zwischen Geburt und Tod, zwischen Gut und Böse, Glück oder Unglück, Freude oder Trauer. Hin und her gezogen, hin und her gerissen.

Unser Ego will uns unentwegt dazu bewegen, uns für eine der beiden Seiten der Dualität zu entscheiden. Das ist das Wesen unseres Egos, das uns in der Welt unserer Dualitäten zu ständigem Be-Werten und Be-Urteilen verleitet, antreibt. Das uns einredet, dass es für uns wichtig ist, uns für eine der beiden Seiten zu entscheiden. Dass wir be-urteilen und be-werten, was gut und was böse, schön oder hässlich, billig oder teuer ist. Und wie wir selbst sind. Unentwegtes Vergleichen und Entscheiden im Irrglauben, dass dies für unser Leben wichtig ist.

Wie bei vielem, das seinen Ursprung in unserem Ego hat, ist auch dies eine der vielen Illusionen in unserem Leben. Eine Illusion, die uns nur eine Seite eines Dinges, einer Situation, sehen und erstreben lässt – nie die Gesamtheit.

»Jedes Ding hat zwei Seiten«, sagen wir, wobei wir uns aber bewusst werden müssen, dass es nicht die beiden Seiten sind, die für »das Ding«, die Lebenssituation, von Bedeutung sind, sondern beide zusammen. Die Ganzheit.

Oder, wie es in einer asiatischen Weisheit als Frage und Antwort formuliert wird: »Schau dir einen Stock an – sein eines Ende ist Yin, das andere ist Yang. Welches ist wichtiger?« Die Antwort: »Der Stock selbst ist wichtig!«

So wie beim elektrischen Strom nicht der positive oder der negative Pol wichtig ist, sondern der damit und dazwischen fließende Strom selbst, so funktionieren die kompliziertesten Computer, ja selbst das ganze Universum, auf Basis des Grundgesetzes der dualen Polarität.

Unser Leben, das Leben von 6,6 Milliarden Menschen auf unserem Planeten (Stand Mai 2007), besteht aus Dualität. Unser Leben *ist* Dualität! Von unserer Geburt bis zum Tod. Licht und Schatten, Liebe und Hass, einmal oben, einmal unten, reich oder arm, richtig oder falsch.

Wir denken und handeln in Dualitäten – in gut und böse zum Beispiel. Sind wir uns dieser Tatsache aber auch bewusst? Sind wir uns bewusst, dass es das eine ohne das andere gar nicht geben kann? Das sie zusammengehören? Oder wird dies von unserem Bewusstsein – unserem Ego – nicht verleugnet? Und sein dualer »Gegenpol«, unser Unterbewusstsein, unsere Intuition, unser Gefühl, macht uns darauf aufmerksam, lässt es uns »ahnen«?

Wir wünschen uns Glück – aber wie können wir erkennen, was Glück ist, wenn wir nicht auch das Unglück kennen? Wenn wir nicht gelernt haben, mit der Ganzheit von beiden zu leben? Und nicht im »Entweder-oder«!

Glück ist nicht die Abwesenheit von Unglück, seinem Dual-Partner. Glück ist das Leben in der Mitte von beidem. Das heißt mit anderen Worten, dass wir unser Unglück kontrollieren und gleichzeitig lernen können, glücklich zu sein. Denn wie kann ein kranker Mensch die Gesundheit schätzen, ein Blinder die Farben des Lebens, wenn er nicht zuvor gesund oder sehend war?

Wir Menschen leiden unter einer fatalen Fehleinschätzung: Wir schätzen Dinge und Fähigkeiten, so auch unsere Gesundheit, erst dann, wenn wir sie nicht mehr haben!

Und ist es nicht so, dass wir gerade aus negativen Erfahrungen, aus Krankheit und Unglück, aus dem Schlechten und Bösen am meisten für unser Leben lernen? Würden wir das Negative nicht er-leben, könnten wir das Positive nicht leben, denn nichts ist auf die Dauer schlecht oder böse, aber auch nichts ist immer edel und gut.

Wir stellen Wertigkeiten auf. Für jeden von uns ist es subjektiv, von Mensch zu Mensch verschieden, was nun gut und was böse ist. Selbst die Wahrnehmungen unserer Sinne machen da keine Ausnahmen. Ein Sonnenuntergang, ein verregneter Tag, wie wir diesen erleben, empfinden, hängt alleine von uns ab. So wie für einen kleinen

Menschen ein bestimmter Baum groß sein kann, aber der gleiche Baum für einen großen Menschen klein wirkt.

Solange wir »nur« denken, werden wir uns immer für eine der beiden dualen Seiten, Möglichkeiten, entscheiden.

Wir denken, dass ein Sonnenuntergang schön ist, aber was fühlen wir dabei? Können wir dieses Gefühl beschreiben? In eine duale Be-Urteilung bringen? Oder das Gefühl der wärmenden Sonnenstrahlen auf unserer Haut, der Geschmack einer eben gepflückten Erdbeere auf unserem Gaumen, oder das Gefühl, nach langer Wanderung erfrischendes, kühles Quellwasser zu trinken. Können wir das wirklich beschreiben oder ist es nicht so, dass wir diesen unbeschreiblichen Augenblick des Empfindens »nur« genießen, er-leben, können? Im Augenblick, im Jetzt, das kurz darauf, wie der Klang unserer eben vernommenen Lieblingsmelodie, wieder im »Nichts« verschwindet?

Im Augenblick des Er-Lebens genießen wir die Gesamtheit ohne jegliche Be-Wertung. Die entsteht erst durch unser Denken in Erinnerung an den er-lebten Genuss, den wir »gefühlt« haben.

Und somit liegt auch das Geheimnis unseres gesamtheitlichen Lebens nicht im Denken, sondern im Fühlen. Im Erleben, Genießen, Geschehen lassen.

Und nicht im Denken an alle unseren ureigenen Erfahrungen, Erlebnisse, Erkenntnisse. An unsere subjektiven Eindrücke, Lernphasen, die unser Denken und Handeln prägen.

In Bezug auf das »bewusste Nicht-Handeln«, das kreative »Nichts-Tun«, haben wir fast alle die gleiche Lebens-Erfahrung, Lebens-Erziehung und Einstellung ... »Schablone« möchte ich sagen. Denn wir in der sogenannten »westlichen Welt« wurden erzogen und geschult, aktiv zu sein.

Es gibt unzählige Bücher, vor allem in den letzten Jahren, die den Müßiggang, die Faulheit loben. »Vom Glück der Faulheit« heißt es da, oder »Die Entdeckung der Faulheit«, »Die Kunst des Müßigganges, des Nichts-Tuns« wird da angepriesen und als Zeichen unserer Zeit als Bestseller millionenfach über den Ladentisch gereicht. An Käufer, die daran interessiert sind, mit möglichst wenig Aufwand

– wenn möglich mit nichts – viel – oder alles – zu erreichen. Das ist natürlich an und für sich legitim und erstrebenswert, solange es nicht auf Kosten anderer, mit der Energie unserer Mitmenschen und zu deren Nachteil geschieht.

Denn das ist nicht das, was wir unter »bewusstem Nicht-Handeln« verstehen und als Lebensziel, als Lebensphilosophie, verfolgen sollen. Bewusstes Nicht-Handeln, Nichts-Tun, bedeutet, dass wir dem uns anerzogenen sofortigem Re-Agieren, den unentwegten Aktivitäten, dem unbewussten, oft fremdgesteuerten Handeln und der unendlichen Fülle an Erwartungen und zu erfüllenden Wünschen einen Gegenpol gegenüberstellen. Einen Gegenpol für ein ausgeglichenes, glückliches, erfülltes Leben. Erfüllt mit einem ganzheitlichen Leben zwischen und mit den Dualitäten wie dem Yin und dem Yang, die – nur gemeinsam – seit vielen tausend Jahren als Symbol des Ganzen in unserem Leben angesehen werden.

Als Symbol für männlich und weiblich, oben und unten, Feuer und Wasser, außen und innen. Als Wahr-Zeichen für Sein oder Tun, die Grundlagen unserer Existenz, in der das eine ohne das andere nicht existieren kann und es für ein »erfülltes« Leben unwichtig ist, dass wir uns für eines von beidem entscheiden, wie uns unser Ego glauben lässt.

So wie ausschließliches aktiv Sein, pausenloses Handeln alleine keinen Lebenssinn ergibt, so ist dies auch mit ausschließlichem Nicht-Handeln, Nichts-Tun, der Fall.

Die Dualität des Tuns und des Nicht-Tuns zusammen sollen bewusst unsere Lebensphilosophie darstellen. Nicht das eine oder ausschließlich das andere.

Unser Leben soll beides sein – beides, das Tun und das Nicht-Tun. Ein bewusstes Nicht-Handeln, in dem von uns bestimmten Moment, Augenblick, dem dafür richtigen, besten Zeitpunkt. Im Einklang mit dem darauf folgenden, überlegten Tun. Und ohne zu bewerten, zu beurteilen, verurteilen, was von beiden nun wichtig ist und was nicht. Denn beides ist wichtig in unserem Leben und unserem Streben, in der «Mitte« zu leben, nach Ausgeglichenheit und Balance – zwischen den Polen der Dualität.

Bewusstes, positives Nichts-Tun von A bis Z

Wie schon festgestellt: Die Formen des Nichts und des Nichts-Tuns, Nicht-Handelns, in unserem Leben sind, positiv wie negativ, mannigfaltig.

Hier trifft – ganz besonders – der tiefsinnig-humorvolle Spruch von Wilhelm Busch zu, der da sagt: »Das Gute, dieser Satz steht fest, ist stets das Böse, das man lässt!«

Mit anderen Worten: Etwas Negatives nicht tun, ist bereits eine gute Tat. Wir haben uns zwar nicht für eine der beiden dualen Seiten von Gut-Böse entschieden und befinden uns im in der Grafik dargestellten grauen Mittelbereich, aber wir erzeugen damit bereits einen positiven Zustand und haben einen wichtigen Schritt zum Erreichen unseres Wunschzieles getan. Nämlich Böses nicht zu tun.

Durch bewusstes Nicht-Tun, Nicht-Handeln, durch Denken. Denn auch Denken ist eine Form des Tuns!

Nachstehend das Muster einer alphabetischen Liste zu erstrebenswerten Formen des bewussten und positiven Nichts-Tuns. Zu Formen, derer wir uns teilweise ohnehin schon, bewusst oder unbewusst, bedienen. Aber auch Formen, die wir bisher nicht beachtet haben, die, wie in einem späteren Kapitel beschrieben, im Rahmen des Tipota-Prinzips für uns und unser Sein, unser erfolgreiches und glückliches Leben von Bedeutung sein können.

Bewusstes, kreatives Nicht-Handeln, um Energie für folgendes, richtiges Handeln gewinnen zu können: Das ist die Zielsetzung. In unserem Leben Platz schaffen, entrümpeln von Negativem, Unnützem. Platz, leeren Lebensraum zum Auffüllen mit jeder Menge an Erfüllung! Mit Positivem, mit sinn- und liebevollem Tun!

Die Liste, sie hat nur zwei Spalten, ermöglicht es, aufzulisten, was alles unter dem erstrebenswerten Begriff »bewusstes, positives, kreatives Nicht-Tun« fallen kann. Oder wie der wünschenswerte Zustand aussehen soll. Jeder Mensch hat davon unterschiedliche Vorstellungen. Was auch immer als Wunschvorstellung formuliert wird – im

Sinne der Dualität wird das Gegenteil davon (stets eine Aktivität oder ein aktiver Zustand) das sein, was es zu vermeiden, was es nicht oder nicht mehr bzw. immer weniger zu tun gilt.

Das Gegenteil kann natürlich auch aus mehreren Begriffen, Worten bestehen. Wichtig ist nur, es so genau wie nur möglich zu beschreiben. Und genauso wichtig ist, unvoreingenommen, ohne selbst auferlegte Einschränkungen, an diese kleine Analyse zu gehen. Setzen wir ganz einfach voraus, dass unsere Wunschvorstellung in jedem Fall möglich ist (sie ist es ohnehin, wie wir später feststellen werden). Gehen wir davon aus, dass wir, um innere Ruhe und Stille genießen zu können, Lärm und Hektik eliminieren, ausschalten können ... auch wenn vor unserem Haus die U-Bahn donnert oder ein Jumbo-Jet zur Landung ansetzt.

Es ist möglich. Es kommt nur darauf an, wie wichtig es uns ist. Das bestimmen wir ganz alleine. »Um zu bekommen oder erhalten, was wir uns wünschen, werden wir vieles ändern müssen«, heißt es. Das muss uns klar sein.

Es ist kein Zufall, dass beide Begriffe des »bewussten Nicht-Handelns«, die wir als Beispiele in die Musterliste aufgenommen haben, mit »hören« enden. Von allen unseren Sinnesorganen ist das Ohr jenes, das seine Funktion passiv ausübt. Eigentlich nichts tut ... zuhört ... geschehen lässt ... in Empfang nimmt. Mit dem Mund können wir aktiv sein: sprechen, essen ... singen. Mit den Augen können wir Botschaften an andere Menschen abschicken, liebevolle zum Beispiel .... nicht nur den berüchtigten bösen Blick! Gefühle ausdrücken – Liebe, Trauer, Zorn. Und weinen.

Mit unserer Nase können wir nicht nur riechen, auch Geräusche produzieren, die Nase rümpfen als Zeichen des Unbehagens oder der Missbilligung. Mit unseren Ohren hören wir »nur« zu ... wenn wir sie lassen. Wenn wir unsere Mitmenschen zu Wort kommen lassen, interessiert sind, was andere zu sagen haben.

Zuhören können ist eine hohe Kunst, wobei genau genommen gemeint ist: zuhören *wollen*. Geschehen lassen, dass andere reden, uns etwas mitteilen. Wie es das Wort sagt: mit-teilen. – Mit uns teilen!

Die FORM (des bewussten, positiven Nichts-Tuns)	**Das GEGENTEIL**
A	
Auf-hören (können)	Hamsterrad-Syndrom, Selbstbestätigungsdrang, Angst (z. B. vor Verlust), Minderwertigkeitskomplex, Arbeitssucht/Workaholic, nicht los-lassen können, falsche/fehlende Prioritäten, Machtstreben, Egoismus, falsches Selbstwertgefühl, Wichtigtuerei, Gewohnheitsdenken
Z	
Zu-hören (können)	Egoismus, Selbstsucht, Desinteresse, Nervosität/Hektik, Stress, Ungeduld, Wichtigtuerei, fehlende Toleranz/Akzeptanz, Neid, Missgunst, Unhöflichkeit

Faulheit ist die Dummheit des Körpers

»So ist verflucht der Ackerboden deinetwegen. Unter Mühsal wirst du von ihm essen alle Tage deines Lebens. Dornen und Disteln lässt er dir wachsen ... Im Schweiße deines Angesichts sollst du dein Brot essen.« (Gen 3,17–19)

Arbeit ist so alt wie die Menschheit selbst. Arbeit in allen erdenklichen Formen macht bis heute für einen Großteil der Weltbevölkerung den Hauptteil ihres Lebens aus. Das altdeutsche Wort »Arbeit« = arabeit = Arebeit bedeutet »schwere körperliche Anstrengung, Mühsal, Not und Plage« ... wie in der eingangs erwähnten biblischen Schöpfungsgeschichte festgehalten.

So vielfältig die verschiedenen Tätigkeiten und Berufe seit jeher sind, so unterschiedlich sind auch die Einstellungen. Auf der einen Seite die Arbeitssucht vieler Menschen – in Japan sterben jährlich 10.000 Menschen an *Karoshi*, dem Tod durch Überarbeitung, oder *Karojisatsu*, den Freitod durch Arbeitsstress. Auf der anderen Seite die bewusst, absichtlich herbeigeführte »Arbeitslosigkeit«, Arbeitsverhinderung, Faulheit. Nicht nur in den Ländern der westlichen Welt. Japaner haben für »faul« einen speziellen Ausdruck: »glücklich wie Europäer« ... wobei nicht auszuschließen ist, dass dieses »Glück« auch von vielen von ihnen insgeheim ersehnt wird.

»Faulheit ist die Dummheit des Körpers – und Dummheit ist die Faulheit des Geistes«, sagte Johann Gottfried Seume bereits vor knapp 200 Jahren und beschreibt damit zugleich eine weitverbreitete Krankheit unserer Zeit. Es geht dabei weniger um den kleinen Prozentsatz an arbeitsunwilligen Menschen als um jene, die oft in hoch bezahlten Positionen und Funktionen das negative Nichts-Tun auf Kosten ihrer Mitarbeiter, ihrer Mitmenschen, praktizieren.

Im Gegensatz zur Publikation des Arbeiterführers Paul Lafargues »Das Recht auf Faulheit« (1883) verkündete der deutsche Bundeskanzler Gerhard Schröder noch vor wenigen Jahren: »Es gibt kein Recht auf Faulheit in unserer Gesellschaft ...« und zog damit in den politischen Kampf gegen »Faulenzer«, »Drückeberger«, »Scheinarbeitslose« und »Sozialschmarotzer«.

Der Begriff »Faulheit« bezeichnete ursprünglich den Zustand von schlecht gewordenem Obst und Pflanzen, aber auch verweste Tierkadaver im Sinne von Fäulnis.

Ich möchte behaupten, dass kein Mensch als »fauler Mensch« geboren wird. So wie Obst nicht von Anfang an am Baum faul heranreift, sondern durch bestimmte Umstände erst faul wird. Von einem »Wurm« befallen, durch unsachgemäße Ernte, Umwelteinflüsse, falsche Verwendung ...

So werden viele Menschen auch durch bestimmte Umstände in ihrem (Arbeits-)Leben faul gemacht, dazu bewogen, so wenig wie nur möglich – oder gar nichts – zu tun, zu arbeiten. Um vielleicht keine Fehler zu machen (wer nichts arbeitet, macht bekanntlich keine Fehler). Oder, weil sie vielleicht Arbeiten ausführen müssen, für die sie entweder unter- oder überqualifiziert sind, oder weil ihnen die Lust, der Anreiz und das Verständnis für sinnvolle Arbeit aufgrund mangelnder Motivation, Führung, Aufgabenstellung fehlt.

Im Christentum gehört Faulheit seit jeher zu den sieben Hauptlastern, »Acedia« genannt. Unter »Acedia« verstand man die »Trägheit des Herzens«, »Trübung des Willens«, »Verfinsterung des Gemüts« und »Verlust von Tatkraft«, wobei Ersteres, die Trägheit des Herzens, zu den sieben Todsünden gerechnet wird. Bedürftigen oder Notleidenden nicht zu helfen, selbst wenn man helfen könnte ...

»Auch Unterlassen ist Tun«, zitiert Dr. Hubert Papousek in seinem Beitrag zum bewussten Nicht-Handeln den römischen Rechtsgelehrten Paulus. Faulheit, das negative Nichts-Tun, hingegen ist kein Tun, keine Aktivität, es ist ein Zustand. Ein Zustand, der durch den Missbrauch des Nichts-Tuns entsteht und auf Kosten anderer besteht.

»Tödliches Nichts-Tun« – Arbeitslosigkeit, Pension

Alles, was in unserem Leben aus freiem Willen heraus geschieht, hat einen anderen, positiveren Stellenwert als alles »Erzwungene«.

Gemeint ist damit die unumstrittene Tatsache, dass »Nichts-Tun« in seiner den Menschen aufgezwungenen Form von Arbeitslosigkeit, Krankheit, Zwangspensionierung, Invalidität nicht nur zu körperlichen und seelischen Krankheiten, sondern sogar zum Tod führen kann.

Hier geschieht etwas gegen unseren Willen, wir verlieren die Kontrolle über unsere Stellung im Leben und der Gemeinschaft und damit über uns selbst. Flucht und Sucht sind oft die Folge auf die Tatsache, dass wir durch die berühmt-berüchtigten fünf Worte: »Wir brauchen Sie nicht mehr ...« über Nacht vor dem vermeintlichen Nichts stehen. »Vermeintlich«, weil sich dieses Nichts in erster Linie in unserer negativen Gedankenwelt einnistet. Man fühlt sich zu nichts mehr gebraucht, als Versager, gedemütigt und von der Gesellschaft ausgeschlossen.

Negative Gedanken, die bereits dann angsterregend sind, wenn das Ereignis noch gar nicht eingetreten ist. Die Angst vor dem Verlust von Arbeit zählt nachweislich zu den größten und belastendsten. Trifft dann ein, was man ohnehin schon »seit jeher befürchtet hat«, dann stürzt man in eine Krise, und oft stürzen die Familien mit. Ein Sturz, der für viele Menschen durch erzwungenes, unfreiwilliges Nichts-Tun, wie zum Beispiel durch eine oft ungewollte vorzeitige Pensionierung, tödlich sein kann. Vor allem, wenn die betroffene Person nur die Arbeit und nichts anderes als nur ihre Arbeit ihr Leben lang gekannt hat. Wir alle kennen bestimmt Fälle in unserem Freundes- oder Bekanntenkreis.

Strafbares »NICHTS-Tun«

»Du bist für das verantwortlich, was du tust.
Aber noch viel mehr für das, was du nicht tust.«
(Jean Paul)

Grundsätzlich sieht das Gesetz in »zivilisierten« Ländern »nur« vorsätzliches Handeln als strafbaren Tatbestand. Das Unterlassen eines gebotenen Tuns ist nur dann strafbar, wenn das Gesetz dieses ausdrücklich bestimmt, wie zum Beispiel im Rahmen einer »unterlassenen Hilfeleistung«. Dieses ist dann strafbar, wenn das »Nicht-Eingreifen« in einen Geschehensablauf, das »Nicht-Helfen« trotz vorhandener Möglichkeiten genauso schwer wiegt, als hätte die »nicht handelnde« Person die Tat durch aktives Tun auch selbst begangen. Das »Nicht-Tun« ist also dann strafbar, wenn man eine Pflicht zum Handeln hat. Es wird dann, zu recht, wie ich meine, genauso bestraft wie das aktive Tun!

Wir Menschen sprechen und berufen uns stets auf »Menschenrechte«, den »uns zustehenden Rechten«.

Da gibt es Menschenrechtskonventionen, weltweite Kongresse und Meetings, Empfehlungen, Gesetze. Das ist gut so, wenngleich etwas ganz Wichtiges fehlt ... im Sinne der Dualität in unserem Leben: die Pflichten! Denn, wie Laotse auch sagt: »Der Ganges der Rechte entspringt dem Himalaja der Pflichten.«

Was aber nicht bedeuten soll, dass man aus falsch verstandener Zivilcourage den Helden spielen und sich selbst auch noch in Gefahr bringen soll.

Aber oft reicht schon eine kleine Tat, um Großes zu bewirken. Oft schon, wenn wir uns bloß von Zeit zu Zeit erinnern würden, dass wir nicht nur Rechte, sondern auch Pflichten haben. Genauso niedergeschrieben von den Vereinten Nationen wie die berühmten Menschenrechte!

Die Ruhe vor dem Sturm

»Es ist schneller zu spät, als du denkst!«
(Albert Einstein)

Ein existenzbedrohendes Denk- und Verhaltensmuster hat sich in den letzten Jahrzehnten in der Menschheit breit gemacht – nämlich *bewusstes (falsches) Tun* verbunden mit *bewusstem (falschem) Nichts-Tun!*

Auch hier gibt es die unterschiedlichsten Formen zu beachten. Fehler machen wir mannigfaltig in unserem Leben. Darin liegt keinesfalls unser existenzbedrohendes Problem. Fehler nicht erkennen wollen, oder noch schlimmer, Fehler erkennen, aber nichts zu deren Korrektur zu unternehmen, das stellt ein echtes Problem dar.

Stimmt es überhaupt, wenn wir von der »Ruhe vor dem Sturm« sprechen? Hat der »Sturm« nicht bereits begonnen und wir sprechen immer noch von »Anzeichen« anstatt Tsunami und Katerina, Überschwemmungen und Trockenheiten, Epidemien, Hungersnöte und Erdbeben, verteilt über den ganzen Planeten, als ernst zu nehmende »Zeichen« zu werten. Zeigt uns »Mutter Erde« nicht deutlich, wie es um sie bestellt ist? So, wie uns unser Körper stets zeigt, wenn er krank wird.

Sehen wir es bloß nicht, oder wollen wir es nicht sehen?

Ein Großteil der Menschen auf der ganzen Welt ist immer noch im Zwiespalt zwischen Wissen und Glauben. »Wissen tun wir's ja ... aber glauben können wir es nicht ...«

Ein anderer Teil wiederum macht damit Geschäfte – mit der Angst der Menschen, dem Unwissen und der Verunsicherung. Und ein anderer wiederum verwendet die tatsächlich mehr als nur bedrohliche Situation als puren Populismus, um sich als Politiker, als Wissenschaftler vorteilhaft in die sensationslüsternen Medien zu bringen.

Bei einem Großteil der Menschheit aber, und das ist wahrlich wert zu betonen, haben Vernunft, Verantwortung neben Besorgnis und Angst Platz gegriffen und wir haben begonnen, das Steuer des leck gewordenen Schiffes »Erde« herumzureißen und auf einen sicheren, zukunftsweisenden Kurs zu bringen. Und dieser »Großteil« wird täglich größer. Und täglich werden wir weniger mit Behauptungen des Nicht-Wissens verunsichert. Wie zum Beispiel:

»Die Erderwärmung hat's ja schon immer gegeben. Warme Winter und verregnete Sommer auch. Einmal viel Schnee, zu viel, dann keiner. Nichts Neues. Und die Unwetter, Hurrikans, Taifune, Orkane, wie sie alle heißen: auch schon immer da gewesen. Tja, und der Hurrikan Katrina in New Orleans, jetzt werden's mehr aufpassen, die Amerikaner, nicht wahr? Und der Tsunami mit ein paar hunderttausend Todesopfern. Eine Ausnahme, Zufall. Schicksal ... arm, die Leute dort, wirklich. Und Eisberge, die schmelzen, schon möglich, aber haben Sie gesehen, wie viel Eis es dort gibt?«

So oder so ähnlich klingen viele der als »Gegenargument« geäußerten Ansichten von Menschen, von denen es glücklicherweise immer weniger gibt, aber immer noch viel zu viele. Vor allem Menschen, die an Schaltstellen sitzen, in der Politik, der Wirtschaft, den Medien. Menschen, die bestimmen und beeinflussen können. Die Zugang zu Informationen haben, die normalerweise in verschlossenen Schubladen oder verschlüsselten Computerdateien »versteckt« werden.

»Die kritische Masse« jener Menschen, die sich ihrer Verantwortung bewusst ist, die Wissen nicht mit Glauben, Irr-Glauben, verwechselt, sie wird größer. Aber noch ist sie nicht so groß, dass sie »die andere Hälfte« mitreißt, überzeugt, überstimmt. Dazu bewegt, das falsche Nichts-Tun und Zusehen, das Bezweifeln und Zerreden ebenso aufzugeben wie die ewigen Hinweise auf wirtschaftliche Notwendigkeiten und hohe Kosten für die notwendigen Klimaschutzmaßnahmen.

Aber ist es nicht besser, Milliarden für Klimaschutzmaßnahmen »zu riskieren«, vielleicht sogar »zu vergeuden«, wie die unermüdlichen Gegner derselben behaupten, als z. B. in die Waffenindustrie zu stecken, um Kriege zu führen?

»Gedankennahrung« ... nicht »Panikmache«

Nachstehend eine wahllose Ansammlung an Tatsachen. Eine Auflistung von Fakten, an denen nicht gerüttelt werden kann, die man nicht als »Panikmache«, »Schwarzmalerei« oder Hass gegen Atomkraftwerke, den Straßen- oder Flugverkehr, als »grünes Extremdenken« oder versteckte politische Taktik vom Tisch wischen sollte. Jedem von uns ist es überlassen, sich seine Gedanken dazu zu machen ... und vielleicht sein Denken zu ändern.

Ändert sich das Denken des Menschen, ändert sich der Mensch. Ändert sich der Mensch, ändert er damit auch die Welt. Seine Welt, unsere Welt. Eine Welt, die es immer geben wird. So, wie seit 4,55 Milliarden Jahren.

Das ist keine Frage. Die Frage ist nur: mit oder ohne uns Menschen?

Wo wir stehen, was wir wissen (oder zu wissen glauben), was unser gegenwärtiger Ausgangspunkt für unsere Reise in die Zukunft ist, das möchte ich Ihnen gerne als Beispiele wertfrei auflisten.

Entscheiden Sie selbst, wohin uns – wenn wir nichts ändern – unser Lebensweg auf unserem Planeten führt.

Weltbevölkerung: Auf der Erde leben derzeit ca. 6,6 Milliarden Menschen. 2050 werden es über 9 Milliarden sein. Wie viele von uns werden dies noch erleben?

Weltreichtum: 20 % der Weltbevölkerung (USA, Europa, Australien, Japan) besitzt 80 % des Weltreichtums ... 80 % der Weltbevölkerung (Lateinamerika, Afrika, Asien – ohne Japan, Russland) hingegen nur 20 %.

Weltarmut/Hunger: Mehr als die Hälfte der Menschheit lebt in Armut (unter 2 USD pro Tag). An Hunger leiden ca. 850 Millionen Menschen. Bis zu 100.000 Menschen sterben täglich an Hunger. Laut Caritas sterben 18.000 Kinder täglich an nichts – nichts zu essen!

Landverteilung: Beispiel Brasilien: 10 % der Landeigentümer besitzen 80 % des Landes. In Brasilien wird Soja fast als Monokultur angebaut, nach Europa als Tierfutter exportiert (während in Brasilien gehungert wird ... und in Europa 400.000 Rinder jährlich notgeschlachtet und verbrannt werden, um die Preise hoch zu halten).

Treibhausgas/CO_2/Erderwärmung: Neben CO_2 ist nachweislich vor allem Methan für die Treibhaus-Entwicklung verantwortlich.

Methan ist 20- bis 30-mal wirkungsvoller und damit gefährlicher als Treibhausgas und CO_2.

Die Beiträge der Rinderhaltung zum Treibhauseffekt sind gleich jenem des Autoverkehrs.

Das weltweite Internet ist für die Produktion von gleichviel CO_2 verantwortlich wie der weltweite Flugverkehr.

Der menschliche Körper hat eine Normaltemperatur von 35,8–37,2 Grad Celsius. Bei einem Temperaturanstieg von zwei Grad ist er krank. Die oberste Grenze des Überlebens liegt bei 42,8 Grad, also maximal plus 5,6 Grad. Und wie sieht es mit der Erwärmung der Erde aus? Wann wird unsere Erde »krank«?

Energie: Energieverbrauch durch »Nichts-Tun«: Der Stand-by-Betrieb von Elektrogeräten z. B. in Deutschland verbraucht pro Jahr die Stromproduktion zweier ganzer Atomkraftwerke!

Die Sonne liefert 15.000-mal mehr Energie, als die gesamte Menschheit auf Erden benötigt ... und die Sonne schickt keine Rechnung.

Wasser: Bei einer Erderwärmung um zwei Grad wird es z. B. unter 2000 Meter in Europa keinen Schnee mehr geben. Dafür werden die Meeresspiegel ansteigen.

Auch die Fleischproduktion ist ein enormer CO_2-Produzent ... und Wasserverbraucher: 50 % der Wasserverschmutzung in Europa durch Massentierhaltung; 90 % der Zerstörung des Regenwaldes durch Massentierhaltung.

Für die Produktion von ca. 60 mal 60 Meter Kunstschnee zum Skifahren werden 360.000 Liter Wasser benötigt.

1,2 Milliarden Menschen leben ohne Zugang zu Trinkwasser.

2,4 Milliarden Menschen sind ohne Abwasserentsorgung.

Neun Liter Wasser verbraucht eine Toilettenspülung.

Laut WHO/UNICEF sterben täglich weltweit an die 5000 Kinder durch schlechtes Wasser oder an durch Wasser übertragenen Krankheiten.

200 Milliarden Liter Mineralwasser werden laut Medienberichten weltweit jährlich getrunken, davon 680 Millionen im »wasserreichen« Österreich!

NICHTS als »Zu-Fall«?

Bringen wir doch alle Mauern zu Fall. Wie jene in Berlin.
Es gibt noch viele. Zwischen Völkern, Rassen, Ländern und Städten. In den Köpfen und in den Herzen der Menschen.

Geschehnisse in unserem Leben, für die wir keine einfachen, logischen Erklärungen finden, nennen wir meistens »Zufall«. Denn immerhin ist uns da etwas »zugefallen«, zugestoßen, hat sich »zufällig« ereignet. Und wir können uns die Ursache dafür nicht erklären.

Dazu möchte ich gerne eine wahre Geschichte aus unserer jüngsten Vergangenheit wiedergeben, die der damalige russische Ministerpräsident Michail Gorbatschow im Magazin »Newsweek« vom 8. November 1999 erzählte. Es ist die Geschichte der Berliner Mauer und ihres denkwürdigen, aber ebenso unerwarteten »Falls« am 10. November 1989. Sie wurde, wie wir sagen, zu Fall gebracht – als Mauerwerk und vor allem als Symbol dafür, dass Regierungen, Diktatoren auf der ganzen Welt seit jeher ganze Völker eingesperrt haben, um zu vermeiden, dass es zu einem freien Austausch an Information, an Energie in allen ihren Formen mit anderen Menschen, anders denkenden Völkern, Religionen, politischen Auffassungen kommt. Und dass diese Symbole nur eine beschränkte Lebensdauer haben.

Die Veränderungen in der DDR hatten schon vier Jahre vor dem Fall der Mauer begonnen. Als direkte Folge der wachsenden Unzufriedenheit im Land. Neue, nicht mehr einzuschränkende Informations- und Kommunikationsmittel ... und letztlich (zuletzt, oder vor allem?) durch die von Michail Gorbatschow in der Sowjetunion ermöglichte »Freiheit der Wahl«, die Macht der »Perestroika«, dem Umbau-Neubau ... und der »Glasnost«, der Öffentlichkeit.

Bis Anfang Oktober hatten bereits mehrere zehntausend DDR-Bürger ihr Land über Ungarn und die bundesdeutschen Botschaften in Prag und Warschau verlassen. Und dann – nach dem Rücktritt von Parteichef Erich Honecker, der Regierung der DDR und dem Politbüro – eine denkwürdige internationale Pressekonferenz am 9. November 1989.

Kurz vor 19 Uhr, die Pressekonferenz war schon fest zu Ende, wurde Politbüromitglied Günter Schabowski gefragt, wann nun die angekündigte neue Regelung für Privatreisen von DDR-Bürgern in den Westen in Kraft träte. Uninformiert fühlte sich Schabowski überfragt. Er überflog seine Papiere, stutzte für Sekunden ... und sagte schließlich »sofort« und »unverzüglich«. Die Sensation war perfekt und ganz Berlin tanzte auf der Mauer. Nach über 28 Jahren!

Aber da waren noch 390.000 russische Soldaten in Ostdeutschland zum »Schutz vor dem Westen« stationiert. Sie waren in Alarmbereitschaft, wie Gorbatschow bestätigte. Die Gefahr einer gewalttätigen Militäraktion gegen die über die Mauer und diverse Checkpoints – nicht nur dem berühmten »Checkpoint Charly« – in den Westen fliehenden DDR-Bürger war groß.

Rückfragen der Grenzposten bei ihren vorgesetzten Dienststellen blieben ohne Antwort, denn auch die mussten »oben« nachfragen. Nichts geschah!

Es wurde zugelassen. Von den Sowjets im Politbüro, den Generälen und selbst von Verteidigungsminister Marschall Yazov und den sicherlich mehr als nur »überforderten« Grenzsoldaten, die Alarm schlugen, Einsatztruppen mobilisieren ließen – aber »keinen Befehl« erhielten.

Nichts!

Kein einziger Schuss fiel, wie Michail Gorbatschow hervorhob. Kein Schuss auf einfache Bürger, Menschen auf dem Weg in die Freiheit.

Ein Desaster wäre das Ergebnis gewesen. Ein Blutbad unter tausenden Menschen auf beiden Seiten der Mauer und ein Einschreiten der Supermächte in West und Ost. Ein Wiederbeginn des »Kalten Krieges« und in der Folge kein vereinigtes Deutschland, kein Europa mit all seinen positiven wie auch negativen – aber immer zukunftsweisenden – Auswirkungen auf alle Mitgliedsländer.

Es gibt aber noch viele »Mauern« auf dieser Welt niederzureißen. Und es gibt sinnlose Kriege zu beenden. Selbst vor unserer eigenen Haustür, da müssen wir gar nicht erst weit gehen. Und Mauern, die wir Menschen oft in unseren Köpfen tragen, als Engstirnigkeit unseres Denkens und damit Handelns. In unserem Herzen, in Lieblosigkeit und Gefühllosigkeit anderen, Menschen und Tieren, der Natur, dem Leben, gegenüber. Mauern, die es auch gilt, niederzureißen.

Ob alles wirklich bewusst geschehen oder nicht geschehen ist und inwieweit der »Zu-Fall« mitgespielt hat, selbst alle Beteiligten werden es nie genau wissen. Fest steht, dass es einen »Zu-Fall« nur dann geben kann, wenn zuvor etwas – von wem auch immer – losgelassen wurde. Der verstorbene deutsche Verleger Axel Springer drückte es so aus: »Es gibt keine Mauer (keine Regierung), die auf Dauer der Macht der Ideen widerstehen kann.«

Ideen sind Gedanken, und Gedanken sind pure Energie. Die Gedanken-Energie aller positiv denkenden Menschen auf dieser unserer Welt wächst, das steht fest. Sie wird stärker und stärker. Einflussreicher.

Sie kann Hass und Neid ver-nicht-en. Kriege und Hungersnöte stoppen. Sie bringt selbst Mauern zum Fallen. Wie jene in Berlin am 9. November 1989.

Nichts als Zu-Fall?

NICHTS tun?

Nichts sehen? Nichts hören?
Nichts sprechen?
Auch mit dem Herzen?

Es gibt unzählige Begriffe des Nichts-Tuns, die in unserem Leben wahrlich nichts verloren haben, wie zum Beispiel »unterlassene Hilfe« und »fehlendes Verständnis« für unsere Mit-Menschen. Auch hier ist – leider – die Liste sehr lang, und der damit verbundene Schmerz, den wir anderen Menschen damit zufügen, unermesslich.

»Man sieht nur mit dem Herzen gut«, behauptet schon »Der Kleine Prinz« bei Antoine de Saint-Exupéry. Und: »... das Wesentliche bleibt für die Augen unerkannt!«

Ich glaube, das Foto mit den drei lieben Affen veranschaulicht deutlich, was »nichts tun« ebenfalls nicht sein soll:

Die Augen verschließen vor Tatsachen – und seien sie noch so unangenehm für uns ...

Unseren Mund verschließen – für ein Wort des Trostes, der Liebe.

Seine Ohren verschließen – vielleicht für den Hilferuf eines Mitmenschen ...

Faule Menschen leben nicht länger, auch wenn im Volksmund irrtümlich das Gegenteil behauptet wird. Sie leben auch nicht glücklicher. Auch nicht die gefühlsmäßig tauben oder blinden Menschen oder stummen, die nie ihr Herz zu Wort kommen und reden ließen.

Und so gibt es im Sinne der unser Leben beherrschenden Dualität eine positive Auslegung der Symbolik der berühmten drei Affen (sie heißen übrigens Iwazuru, Kikazuru und Mizaru): Der erste Affe, Mizaru, will nichts sehen, damit das Böse und Schlechte aus seinem Leben und seiner »Lebens-Sicht« fernbleibt. Der zweite Affe, der sich den Mund zuhält, will nicht sprechen, damit er nichts Böses sagen und andere Menschen damit beleidigen oder verletzen könnte. Kikazuru, der dritte, wiederum hält sich die Ohren zu, damit er nichts hören kann, wenn jemand etwas Böses, Negatives und Schädliches spricht ... und kann so leichter auf sich selbst und seine »innere Stimme« hören.

Und so verhält es sich auch mit unseren Krankheiten und unserem Körper, der uns, wenn wir uns dessen bewusst werden, genau zeigt, wie es in unserem Inneren mit uns steht. Ob die Augen nicht mehr sehen wollen, die Ohren vielleicht nicht mehr hören oder unser Magen gewisse Dinge in unserem Leben nicht mehr verdauen kann.

Alles ist Energie

»Nichts als Energie«, würden wir landläufig sagen. Unsere Welt, unser Da-Sein. Jeder Stein, jeder Berg, jede Pflanze, jedes Haus und jedes Tier. Jedes »Etwas«. Auch wir Menschen!

Energie bedeutet gemäß Albert Einstein: »Jede realisierbare Kraft, im allgemeinen Sprachgebrauch: Tatkraft. In der Physik: Fähigkeit eines Körpers (z. B. Mensch, Tier, Maschine etc.), Arbeit zu leisten ... und das kann körperlich wie auch geistig sein.«

Und seine Formel, die seither – im positiven wie leider auch im negativen Sinn – die Welt verändert hat: $E = mc^2$ (Masse mal Lichtgeschwindigkeit zum Quadrat).

Alles im Universum, in unserer Welt, in und um uns ... alles besteht aus »Schwingungen«. Feste Körper aus höheren, weiche aus weniger hohen. Selbst unsere Gedanken sind Schwingungen und somit Energie. Auch Geld ist Energie. Und das Vakuum, das Nichts! Ein nettes, liebes Wort ebenso wie eine gute Tat ... eine zärtliche Berührung. Liebe!

Unser Körper besteht aus 200 Billionen Zellen. Jede Zelle ist ihr eigenes Universum und besteht aus unzähligen Atomen. Jedes Atom wiederum ist ein eigenes »Sonnensystem« für sich, das sich ununterbrochen verändert, stirbt und erneuert. So »sterben« in jedem Augenblick unseres Lebens in unserem Körper eine Millionen Zellen ... und gleichzeitig auf der Welt pro Sekunde 5000 Menschen. Und werden – als »Energie« – wieder neu geboren.

Denn: Energie kann weder »gewonnen« noch verloren werden. Energie verändert nur beständig ihre Form. Aus Holz wird Feuer, Wärme, aus Wasser wird Dampf, Druck, Elektrizität wie aus Sonne und Wind. Aus Gemüse und Obst, selbst Fleisch, das wir essen, wird

Energie, um unserem Körper »Arbeitsenergie«, geistig wie physisch, zuzuführen. Arbeiten, um Geld zu »verdienen«.

Geld, eine andere Form der Energie, mit der wir wiederum Energie »kaufen« können.

Energie durchströmt uns jeden Bruchteil einer Sekunde. Bekannte und unbekannte – göttliche.

Und selbst aus dem kleinsten, uns Menschen bekannten Teil unserer Existenz gewinnen wir noch Energie – aus dem Atom! Eine unvorstellbare Energie – und wie die traurige Vergangenheit der Menschheit gezeigt hat, auch eine ebenso unvorstellbare Gefahr! Wie alles, was vom Menschen missbraucht wird.

Die Inder nennen sie »Prana«, die Lebensenergie, die in allem steckt: die kosmische Energie (von Gott?) sowie die »besondere«, menschliche, Energie, die durch unseren Körper fließt.

Und die Energie, die uns umgibt und unser Leben bestimmt. Die in jeder Pflanze, jeder Wolke, jedem Tropfen Regen zu finden ist ...

Energie wird uns gegeben ... von Gott, der Schöpfung, oder wie immer wir unserem Glauben entsprechend es nennen mögen.

Energie wurde uns gegeben, als wir bei unserer Geburt diese Welt betraten ... um das Beste daraus zu machen. Und sie bleibt bei uns, unser ganzes Leben lang.

Wer viel Energie hat, der ist reich.
Wer wenig Energie hat, der ist arm.
Wer keine Energie hat, der ist ... tot!

Um alles, was Energie darstellt, wird gekämpft. Um Öl als Energie, wie z. B. im Golfkrieg, im Irak, in Afghanistan. Oder Kriege – und seien es nur »Wirtschaftskriege« gegen »billige Produktionsländer« wie China oder Korea, wo es billige menschliche »Arbeits-Energie« gibt. Kriege und Machtkämpfe von Firmen um Produkte und die Energie, die durch deren Verkauf in Form von Geld, Energie, »Macht und Ansehen« – wiederum Energie – verschafft.

Die fünf Menschentypen

Fünf Menschentypen – »Charaktere«, würden wir landläufig sagen – sind es, die uns in erster Linie in unserem lebenslangen Kampf um Energie begegnen. Fünf grundverschiedene Arten von Menschen, zu denen auch wir – in der einen oder anderen Form – gehören und uns diese Tatsache in ehrlicher Selbsterkenntnis auch eingestehen sollten.

Denn mit dieser »Selbst-Erkenntnis«, mit dem berühmten »Spiegel vor unseren Augen«, werden wir nicht nur das Verhalten unserer Mitmenschen uns gegenüber erkennen, sondern auch die Gründe dafür. Und vor allem: Wir werden unser eigenes Verhalten analysieren können. Keiner der fünf unterschiedlichen Menschentypen ist daher »wert-voller« als der andere. Der Wert liegt in der Erkenntnis und darin wiederum in der Möglichkeit zur Veränderung bis hin zu bewusstem Nicht-Tun. Etwas, das wir aus der Gewohnheit unseres Menschentyps tun, ganz einfach in Zukunft nicht mehr tun!

Und dabei werden wir auch lernen, mit diesen Menschen verständnisvoll umzugehen. Mit Toleranz und jener Gelassenheit, die negative Gefühle wie Hass und Neid, Ärger und Angst gar nicht aufkommen lassen.

1. »Der Mitleidsvolle«

Menschen dieser Kategorie legen es darauf an, mit der »Mitleidsmasche«, mit echtem oder vorgespieltem Leid das »Mit-Leid« ihrer Mitmenschen zu erwecken – und deren Energie für sich zu gewinnen. Ihre Aufmerksamkeit auf ihr sogenanntes Leid zu lenken. Auf ihre Probleme, Krankheiten, finanziellen Sorgen, Verluste ...

Dieser Typ wird an Ihr liebevolles Herz, Ihren hilfreichen Arm, Ihr Verständnis appellieren und sich relativ wenig darum kümmern, wie es Ihnen eigentlich selbst geht. Hauptsache, er hat Ihre ungeteilte Aufmerksamkeit, Ihr Mit-Leid ... und damit vor allem Ihre Energie! Selbst in den von mir geleiteten Anti-Flugangst-Seminaren hatte ich immer wieder Teilnehmer, die ihre Flugangst ganz bewusst dazu verwendet hatten, in ihrer Familie oder bei Freunden Aufmerksamkeit und oft auch fehlendes Verständnis und Liebe zu »erhaschen«. Geteiltes Leid ist halbes Leid, heißt es ... und das »arme Ich« teilt sein Leid mit Ihnen. Allerdings auf Kosten Ihrer Energie, die sie für Ihr »Mit-Leid« aufwenden müssen.

2. »Der Besserwisser«

Diese Menschen werden Sie stets unmissverständlich wissen lassen, dass sie alles besser wissen als Sie. Sie werden stets das passende, wenn auch nicht immer richtige Zitat aus dem Buch eines Wissenschaftlers oder Gelehrten zur Hand haben.

Was immer Sie in Ihrer Begeisterung erzählen mögen (und dadurch natürlich auch Energie von anderen Menschen gewinnen), ein solcher Mensch wird Sie wissen lassen, dass er es besser weiß. Und wenn schon nicht er, dann kennt er jemanden, der jemanden kennt, der jemanden kennt ... und Ihre begeisternde Geschichte, Erfahrung ... sie löst sich in nichts auf, ist verschwunden ... und der »Besserwisser« steht als Gewinner da. Auch was die Aufmerksamkeit anderer – vielleicht Ihrer ehemaligen Zuhörer – betrifft.

3. »Der Unnahbare«

Als »Unnahbarer« macht man sich interessant, indem man *nichts* tut ... oder zumindest so tut, als ob man *nichts* täte. Bei Partys sich zurückzieht und beobachtet – aber genau weiß, wie man angezogen und »gestylt« sein muss, um »Wirkung« zu erzielen ... auf Männer bzw. Frauen gleichermaßen. »Was ist das eigentlich für ein Mensch ...?« »Wer ist das, was tut er/sie ...?« Fragen, die Interesse bekunden. Und Interesse regt Gedanken und Phantasien an und erzeugt Energie, die der »Unnahbare« in sich aufsaugt und genießt. Der »Unnahbare« kann warten – das ist eine seiner perfekten Künste. Warten, bis Sie ihn ansprechen, um seine Meinung fast bitten ... und er wird darauf vorbereitet sein. Und oft werden Sie danach glauben, einen interessanten Menschen kennengelernt zu haben ... und nicht jemanden, der sich in Ihrem Interesse sonnt und Ihre Energie mit sich nimmt.

4. »Der Einschüchterer«

Einschüchtern kann man auf vielerlei Art. Mit Worten (meistens sehr lauten), Drohungen, Taten, Gewalt. »Einschüchterer« gehören zur Gattung Menschen, die andere kleiner machen, damit sie selbst größer wirken. Größer wirken, nicht größer sind, wohlgemerkt! Einschüchterer, oft voll an Komplexen ob ihrer »Nachteile« (Bildung, Körpergröße oder Kleinheit, optische »Mängel« etc.) ... neigen zu Wutausbrüchen, Schreiduellen und verbalen Drohungen, Beleidigungen ... und leider sehr oft auch zu körperlicher Gewalt. »Einschüchterer« legen sich manchmal Kampfhunde zu, die für sie drohen und einschüchtern sollen. Oft belegen sie Kurse in Kampfsportarten, machen eine Schießausbildung oder verstecken sich hinter dem bedrohlich anmutenden Lederdress von Clubs und Vereinen.

Oder sie verstecken sich hinter der Rolle, Ihr Chef zu sein. Ein Vorgesetzter, der über Ihren beruflichen Werdegang, Ihr Einkommen und Ihre finanzielle Zukunft, ja sogar Ihre Existenz und die Ihrer Familie entscheidet! Und mag er noch so dumm und ungebildet sein. »Ein Chef mag nicht immer recht haben ... aber er ist immer Ihr Chef!«

Das wird er Sie spüren lassen – und wenn es sein muss, mehrmals täglich!

Einschüchterer werden alles tun, um Sie so klein und ängstlich wie nur möglich zu machen, um dank Ihres damit verbundenen Energieverlustes selbst zu wachsen.

5. »Der Mischling«

Die Bezeichnung »Mischling« hat nicht diskriminierend mit Rassen oder Hautfarben zu tun. Es handelt sich vielmehr um eine Kategorie von Menschen, die je nach Situation, nach Stimmung und sozialem Umfeld, ihr Verhalten unentwegt verändern, um ein Optimum an Energie von ihren Mitmenschen »abzuzapfen«. Einmal der aggressiv auftretende Einschüchterer im Familienkreis, dann wieder der mitleiderregende Büroangestellte im Personalbüro seiner Firma. Ein charakterliches Chamäleon, das zu durchschauen etwas mehr Zeit und Aufmerksamkeit in Anspruch nimmt, aber danach auch klar zuordenbar ist.

Soweit ein kurzer Ausflug zu den fünf menschlichen Verhaltenstypen. Werden Sie sich bewusst, zu welcher Kategorie Sie selbst gehören ... und dann beobachten Sie vielleicht zuerst Ihre Familie, dann Ihre Freunde oder Arbeitskollegen, Ihren Chef.

Sie werden überrascht sein, wie klar für Sie auf einmal das eine oder andere für Sie bisher unverständliche Verhalten Ihrer unmittelbaren Mitmenschen sein wird. Wie Sie plötzlich einen Blick hinter den »Vorhang des Lebens-Schau-Spiels«, denn mehr ist es ja nicht, machen können. Und wie Sie sich selbst mit dem berühmten Spiegel vor dem eigenen Gesicht erkennen lernen.

Das Abziehen von Energie in zwischenmenschlichen Beziehungen geschieht ja in erster Linie nicht durch die körperliche Energie. Wenngleich Sie durch eine verbale Drohung eines »Einschüchterers« sehr wohl einen derartigen Energieverlust haben können, dass Ihnen schwindelig wird, die Knie zu zittern beginnen oder Sie nahe einem Ohnmachtsanfall sind.

Oder schlaflose Nächte haben, weil die mitleidvolle Geschichte Ihrer zwar arbeitsfaulen Freundin, die von ihrem Freund verlassen worden ist und nun angeblich kurz vor einem Selbstmordversuch steht, Sie rührt. So, dass Sie Magenbeschwerden, Kreislaufstörungen oder Konzentrationsschwächen bekommen. Weil sich Ihre Gedanken Tag und Nacht nun in Anteilnahme um das vermeintliche, Ihnen vorgespielte »Schicksal« dieser Menschen dreht.

Vom Umgang mit den fünf Menschentypen

Im Erkennen, mit welchen der fünf beschriebenen Hauptcharaktere Sie es zu tun haben, liegt bereits der Ansatz für einen befriedigenden Umgang und eine ausgeglichene zwischenmenschliche Beziehung.

Zwei Möglichkeiten sind dabei zu beachten:

1. Sagen Sie Ihrem in Frage kommenden Mitmenschen, selbst wenn es Ihr Chef ist, auf ruhige und höfliche Art, dass Sie sein Verhalten Ihnen gegenüber erkannt, durchschaut haben. Und erklären sie kurz Ihre Erkenntnis, denn die wenigsten werden Ihnen sofort zustimmen ... am wenigsten die »Einschüchterer« und »Mischlinge«.

2. Sie könnten den »wie du mir so ich dir«-Weg einschlagen. Also den Einschüchterer mit Aggressivität Ihrerseits, dem Mitleids-Menschen mit tränenrührender Geschichte oder dem Besserwisser mit klugen Sprüchen entgegentreten.

Könnten Sie, wie gesagt, denn eine echte Lösung Ihres Beziehungsproblems wird dies nicht mit sich bringen. Schon gar nicht, wenn Ihr Gegenüber vielleicht Ihr Chef, Ihr Vater, Lehrer oder der Gerichtsvollzieher ist.

Gemäß der Dualität in unserem Leben liegt, wie beim bewussten, positiven Nicht-Handeln, die Lösung im Gegenteil von dem, was Ihnen zu schaffen, was Ihnen Probleme macht.

Das heißt, nachdem Sie einem Einschüchterer mitgeteilt haben, dass Sie ihn und seine Taktik der Einschüchterung durchschaut haben, lassen Sie ihn/sie auch wissen, dass Sie nicht die Absicht haben, Gleiches mit Gleichem zu vergelten und dass Sie es vorziehen, eine aggressionsfreie zwischenmenschliche Beziehung mit ihm/ihr zu haben. Die Einschüchterung hat ihr Ziel bei Ihnen somit verfehlt.

Die Energie für so ein Gespräch, das, vor allem, wenn es sich um Vorgesetzte handelt, nicht immer leicht ist, finden Sie in der Phase des bewussten Nicht-Handelns, dem Sammeln von positiven Gedanken und Vorstellungen und der benötigten Kraft für ein erfolgversprechendes Gespräch in Ruhe und Entspannung.

Und nicht im Moment von Erregung, von Ärger und Enttäuschung und dem vermeintlichen Zwang, sofort reagieren und »Dampf ablassen« zu müssen.

Bedenken Sie: Ist der Dampf erst einmal abgelassen, dann ist dies eine kurzfristige Befriedigung, denn danach sind Sie ausgelaugt und energielos ... und haben eigentlich nicht gewonnen. Bloß Dampf abgelassen, verloren. Zu einer Lösung hat dies sicher nicht geführt.

Sagen Sie einem Mitleids-Menschen, dass sie seine Opferstrategie erkannt haben und gerne bereits sind, ihm zu helfen, Energie abzugeben, damit er/sie sich selbst hilft. Und dem Besserwisser wird es bestimmt lehrreich sein, wenn Sie ihn wissen lassen, dass Sie sein angebliches Wissen wirklich schätzen, aber dass Sie es weniger schätzen, immer ausgebessert, getadelt zu werden. Sagen Sie ihm/ihr, dass sie Kritik schätzen, solange sie konstruktiv ist, und dass es sich bei Ratschlägen um einen Rat und nicht um einen Schlag handeln soll.

Bei dem Unnahbaren wiederum ist es hilfreich, der jeweiligen Person freiwillig, bewusst Energie abzugeben, aber klar zu machen, dass wir nicht manipuliert werden wollen und schon gar nicht selbst als Unnahbarer aufzutreten gedenken. Mit höflicher Direktheit ist hier viel zu erreichen, wenngleich natürlich das Risiko besteht, dass unser unnahbarer Mitmensch eingeschnappt ist und sich verkannt fühlt.

Bei allen fünf Menschentypen, so auch beim »Mischling«, ist es vorrangig, dass wir selbst bereit sind, unsere Energie in Form von Verständnis und Herzenswärme abzugeben. Wir geben sie freiwillig und bewusst – mit dem Ziel vor Augen, uns nicht bestehlen, manipulieren zu lassen.

Haben Sie sich vielleicht auch erkannt? Oder haben Sie nur »den Splitter im Auge des anderen« gesehen und nicht »den Pfosten in ihrem eigenem«?

Freie Energie

Auf der Suche des Menschen nach neuen Formen von Energie, vom Feuer der Steinzeit bis ins heutige Atomzeitalter, werden unentwegt neue Formen entdeckt, entwickelt. Viele davon sind schon seit Jahrzehnten bekannt und aus den unterschiedlichsten Gründen, wirtschaftlichen, politischen, militärischen, nicht genutzt und oft bewusst geheim gehalten.

Ganz gleich, wie man zu diesem Thema stehen mag: Es gibt sie, die sogenannte »freie Energie«! In den unterschiedlichsten, zum Teil bekannten, zum Teil noch unbekannten bzw. noch unerforschten Formen. Sonne, Wind, Gezeiten, Erdwärme ... Tachyonen.

Gemäß dem Grundsatz Nikola Teslas gibt es »keine andere Energie in der Materie, in unserer Welt, als diejenige, die von unserer/ihrer Umgebung abgegeben wird.«

Eine »freie Energie« – frei deshalb, weil sie frei für uns alle, ohne Ölmultis und Elektrizitätsgesellschaften, aus dem *Nichts* »angezapft«, entnommen werden kann ... bzw. könnte, wenn wir wollten. Oder besser: wenn man uns ließe!

Diese »freie Energie« – wie zum Beispiel die »Nullpunkt-Energie des Vakuums« – besteht aus Tachyonen und bildet die sogenannte Tachyon-Energie (gr. tachys = schnell, gr. ion = Teilchen). Schnell »fliegende Teilchen«, die uns in jedem Augenblick unseres Daseins millionenfach durchdringen Und diese freie Energie ist so unvorstellbar groß, dass, haben wir erst einmal gelernt, sie zu nutzen, in einem Liter Luft die Energie von 5000 Litern Benzin enthalten ist. Und das ist erwiesen, nicht nur vermutet.

Nikola Tesla, der Erfinder des Radios, des Radars, des Wechselstroms, der Leuchtstoffröhre, hat über 700 Erfindungen der Nachwelt hinterlassen. Er war es, der bereits in den 30er Jahren eine tonnenschwere Limousine mit »freier Energie« auf 140 km/h beschleunigen konnte ... und Anschlägen auf sein Leben gerade noch entkam. Denn wer wollte damals wie heute kostenlose, freie Energie? Energie aus dem »Nichts«?

Als Nikola Tesla 1943 im Alter von 86 Jahren starb, da waren seine Erfindungen und Theorien weitgehend vergessen, in geheimen Safes versteckt oder in Misskredit gebracht worden.

Aber Tesla hat würdige Nachfolger. Einer von ihnen, ein Österreicher aus Reichenau an der Rax, ist Ing. Wilhelm Mohorn, der mit seiner Aquapol-Technologie den Weg des Vaters der freien Energie, Nikola Tesla, folgt und bereits 1995 für seine bahnbrechenden Erfindungen den österreichischen Staatspreis, die Kaplan-Medaille, erhalten hat. Mehr als 20.000 Aquapol-Geräte, die auf einem völlig neuen Generatorenprinzip basieren und die freie Raumenergie in eine andere Energieform umwandeln, hat Wilhelm Mohorn in ganz Europa bereits erfolgreich installiert und zur Trockenlegung von Räumen, Häusern, Kellern, sogar im ungarischen Parlament in Budapest, eingesetzt.

Die Energie aus dem »Nichts«: Es wird sie in Zukunft so geben wie heute das Erdöl oder Erdgas. Oder hätten uns unsere Vorfahren geglaubt, dass es außer Pechfackeln, Kerzen und Öllampen auch noch Gas, Elektrizität, Atom-, Wind- und Sonnenenergie geben könnte? Von den Gezeiten gar nicht zu reden ...

In Sekundenschnelle durch die Ewigkeit. Interstellare Reisen oder Reisen in die Vergangenheit. Die Lichtgeschwindigkeit als größte uns bekannte Geschwindigkeit (300.000 km/s) hat schon längst – für die Wissenschaft zumindest – ausgedient.

Der Mensch »zerlegt« in Tachyonen ... in Bruchteilen von »Augen-Blicken«. So schnell, wie das Einknipsen eines Lichtes ... so schnell wird das Reisen in der Zukunft sein. Dessen bin ich mir sicher. Aber wissen kann ich es natürlich noch nicht ...

Nichts anderes als ein gelungener Wechsel von einer Dimension in die andere. Die ersten erfolgreichen Schritte dazu sind bereits getan.

Klingt wie Utopie, aber in die Zukunft müssen wir ja gar nicht gehen. Der berühmte britische Neuropsychologe Dr. W. Grey Walter sagt: »Der Willensakt erfordert einen besonderen Zustand der

Konzentration. Eine paradoxe Mischung aus Entspannung und Anspannung.« Vereinfacht: Unser Wollen ist eine Konzentration auf das zu Erreichende ... und zwar ein Wollen aus der Entspannung heraus!

Folgender Test wurde schon vor vielen Jahren durchgeführt. Elektroden wurden in die Gehirn-/Kopfhaut von Menschen gepflanzt und oberhalb der frontalen Gehirnrinde befestigt. Die damit gemessenen elektrischen Gehirnströme wurden über einen Verstärker an eine Maschine angeschlossen, die auf die 20 Mikrovolt der Gehirnströme als »Bereitschaftswelle« eingestellt worden war. Und dann schloss man die Kopfhaut der Testperson mittels Kabel an einen Fernseher an. Und dieser, Sie ahnen es schon, wurde auf die vom Gehirn beim Denken erzeugten 20 Mikrovolt auf »Empfang« eingestellt.

Die Gedanken der Testperson erzeugten beim konzentrierten Gedanken an »ich muss/will den Fernseher einschalten« so viel Energie, dass das 20-Mikrovolt-Gerät durch die eingestellte Bereitschaftswelle reagierte ... und das TV-Gerät einschaltete ...und umgekehrt wieder ausschaltete!

Auf der technischen Universität in Graz wurde ein sogenanntes BCI (Brain-Computer-Interface), eine Verbindung zwischen unserem Gehirn und einem Computer, entwickelt. Mit diesem ist es nun möglich, dass vollkommen gelähmte Personen mit der Macht, der Energie ihrer Gedanken Befehle an einen Computer weitergeben und damit ihre Arme und Beine bewegen können. Für querschnittgelähmte Menschen ein neues Leben, gesteuert mit ihren eigenen Gedanken. Und Menschen, die nur ihre Augen bewegen können, lernten so, »mit ihren Augen zu schreiben«.

Alles ist Energie. Nachweislich auch unsere Gedanken.

Die Oberfläche der Erde besteht zu 70 % aus Wasser – wie der menschliche Organismus im Erwachsenenalter. Bei der Zeugung, der Befruchtung der weiblichen Eizelle, sogar aus 95 % Wasser. Wir werden also »aus dem Wasser geboren«.

Genau genommen: Wir *sind* Wasser! Und dessen Energie kennen wir nicht zuletzt dank der von uns Menschen zur Energiegewinnung errichteten Wasserkraftwerke. Wenn wir Menschen aber aus Wasser sind und beides ist eine Form der Energie, wie unsere Gedanken, dann stellt sich unwillkürlich die Frage: Wie kann man nur so »gedankenlos« mit dieser Energie – Wasser – umgehen? Und: Kann Wasser Gedanken lesen? Können wir Menschen Gedanken »lesen«?

Man kann davon ausgehen, dass Wasser nicht lesen kann, zumindest nicht in dem Sinn, wie wir es verstehen. Anders verhält es sich da – im Gegensatz zum geschriebenen Wort – mit unseren Gedanken. Wenn wir stumm lesen, »gedanklich lesen« oder schreiben.

Ein beeindruckendes Beispiel für die unermessliche Energie unserer Gedanken – und die unglaublichen Fähigkeiten des Wassers – liefern in diesem Zusammenhang die Erkenntnisse des großartigen japanischen Wasserforschers Masaru Emoto. Beim Erforschen der Eigenschaften des für unser Überleben neben der Luft wohl wichtigsten Elements, des Wassers, gelangen dem weltweit anerkannten Wissenschafter nicht nur außergewöhnliche Fotos von Wasserkristallen, die sich bei Musik, bei gesprochenen und geschriebenen Worten, je nach Art und Inhalt, veränderten. Selbst bei gekochtem Reis, wo neben Wasser auch Mikroben im Spiel waren, zeigten sich unterschiedliche Ergebnisse. So wurde zum Beispiel gekochter Reis in zwei identische Glasgefäße gegeben – und dann wurde jeden Tag mit dem Reis »gesprochen«. Zu dem einen Reisgefäß wurde dabei »Danke« gesagt (und gedacht natürlich) – zum anderen »Dummkopf«. Dies wurde ein Monat lang gemacht – täglich, von zwei Schulkindern, sobald sie von der Schule nachhause kamen.

Das Ergebnis: Der Reis, zu dem »Danke« gesagt worden war, er war fest fermentiert und wies ein saftiges, malziges Aroma auf. Der Reis im anderen Gefäß, zu dem die Kinder »Dummkopf« gesagt und gedacht hatten, war schwarz geworden und verschimmelt. Der Gestank sei unbeschreiblich gewesen.

Masaru Emoto machte diesen Test immer mit demselben Resultat mit vielen verschiedenen Menschen und stellte dabei fest: »Hier ist nicht nur Wasser, sondern es sind auch Mikroben involviert. Mikroben sind wie wir Menschen. Sie arbeiten hart, wenn man sie lobt, und sie werden faul, wenn man sie missbraucht!«

Wie es schien, schließen sich die Mikroben, zu denen man »Danke« oder »Dummkopf« spricht und denkt, zu Gruppen wohltuender oder nachteiliger Bakterien zusammen, Wasserkristalle wiederum zeigen bei Lob und Anerkennung ihre schönsten Formen.

Ist es bei uns Menschen nicht auch so?

Die Bedeutung von Wasser in unserem Leben und für die Existenz der Menschheit auf unserem Planeten kann nicht hoch genug eingeschätzt, gewürdigt werden. Jegliche Lebensprozesse werden durch das Wasser ermöglicht.

Kriege, die im 20. Jahrhundert um die Macht des Erdöls und dessen Energie geführt wurden, die werden im 21. Jahrhundert um die Macht des Wassers geführt werden ...

Oder, wie es Antoine de Saint-Exupéry ausdrückt und damit die wohl anschaulichste Verbindung zur Bedeutung des »Nichts« in unserem Leben herstellt: »Wasser! Du hast weder Geschmack noch Farbe noch Aroma. Man kann dich nicht beschreiben. Man schmeckt dich, ohne dich zu kennen. Es ist nicht so, dass man dich zum Leben braucht. Du bist das Leben!«

Unser Gedanke – »Vater aller Dinge«!

60.000 Gedanken denken wir Menschen am Tag durchschnittlich.

3 % davon sind hilfreiche, aufbauende Gedanken, die uns oder unseren Mitmenschen von Nutzen sind. 25 % davon sind negativ, destruktiv und schaden uns oder anderen. 72 % sind flüchtige, vollkommen unbedeutende Gedanken. Sie sind vergeudete Zeit und Energie!

Mit anderen Worten: Nur 3 % all unserer Gedanken sind eigentlich für unser Leben von Bedeutung. Den »Rest«, 97 %, könnten wir »be-denken-los« vergessen.

Tachyonen, überlichtschnelle Teilchen, wie wir festgestellt haben, ist die Wissenschaft bisher (noch) vergeblich mit Messgeräten auf der Spur. Man will sie »beweisen«, messen können, wie alles in unserem Leben. In der Theorie weiß man, dass es sie gibt. So wie wir – allerdings nicht nur in der Theorie – wissen, dass es unsere Gedanken gibt. Aber messen? Was genau können wir messen?

Entgegen der weitverbreiteten und gelehrten Meinung, unser Gehirn schaffe unsere Gedanken, ist dies nicht der Fall. Unser Gehirn empfängt unsere Gedanken, ist der Empfänger – nicht der Schöpfer! Aufgabe unseres Gehirns ist es, die empfangenen Gedanken aufzunehmen, in elektrische Ströme umzuwandeln, zu verstärken und zu speichern. Und danach durch das zentrale Nervensystem in jeden Teil unseres Körpers zu senden. Und das geschieht durch die Hypophyse, einem machtvollen Instrument, das auch das »siebte Siegel« oder »drittes Auge« genannt wird und zwischen der linken und rechten Hemisphäre des Gehirns liegt.

Durch eine komplexe Hormonausscheidung der Hypophyse, die die verschiedensten Gedankenfrequenzen (wie ein Mehr-Frequenz-Radio) empfangen kann, wird auch die sogenannte Zirbeldrüse (das »sechste Siegel«) bedient. Von dieser werden die Gedankenfrequenzen verstärkt und durch den ganzen Körper geschickt.

Sieben Gedanken – Schwingungen (Frequenzen) sind es, die auf unser Bewusstsein einwirken und uns so zu dem machen, was wir sind, und unsere Umwelt zu dem, was wir denken, das sie ist. Die niedrigsten Schwingungen sind für unsere Fortpflanzung und unser Überleben, die zweitniedrigste für Angst und Schmerz, gefolgt von Macht und das Annehmen von Liebe »zuständig«. Die niedrigste – der »gefrorene Gedanke«, könnte man sagen – ist die uns bekannte Materie.

Ohne unsere Gedanken und deren duale »Zwillingsschwestern«, unsere Emotionen und Gefühle, wären wir – nichts! Unsere Gedanken und Gefühle machen uns zu unserem Mit-Schöpfer, und unser Körper ist die Summe all unserer Gedanken. Alle Dinge in unserem Leben waren vor ihrer Existenz ein Gedanke. Selbst unser eigenes Leben, das vor unserer Geburt ... ein Gedanke war.

Unsere Gedanken werden also in elektrische Ströme umgesetzt, verstärkt und als Gedanken-Elektrizität die Wirbelsäule entlang in jeden Nerv und jede Zelle unseres Körpers transportiert. Sie erzeugen dabei Empfindungen und Gefühle, die gespeichert werden. Bei entsprechenden Erlebnissen passiert es uns dann, dass wir die dazugehörigen Gedanken im ganzen Körper »fühlen«.

Und unser Gedächtnis? Es speichert nicht nur Bilder oder Worte von Erlebnissen, sondern auch die damit verbundenen Gefühle – vom Anblick einer Blume bis hin zum Berühren eines geliebten Menschen. Unsere Sinnesreize werden mit Gefühlen verbunden und unser Wissen wird so geformt.

Das »schlafende Gehirn«

Nicht nur, dass nur 3 % unserer Gedanken für unser Leben von Bedeutung sind. Die Kapazität unseres Gehirns wird nur zu einem Drittel von uns verwendet. Der größte Teil unseres Gehirns liegt in tiefem Schlaf – tut absolut nichts!

Der Grund dafür liegt bei uns selbst, denn wir sind es, die unserem Gehirn gestatten, welche Gedankenfrequenzen es empfangen kann und welche nicht. Wenn wir also im Bewusstsein unserer Gesellschaft leben, einem Bewusstsein, das geprägt ist von Ängsten, Nahrung, Arbeit, Geld, Alter, Krankheit, Schönheit, gut/böse – also niederen Frequenzen –, dann wird unser Gehirn auch nur Empfänger für diese sein.

Verlassen wir aber zum Beispiel unsere Großstädte, wettbewerbsorientierte materielle Brutstätten niederer Gedankenfrequenzen, und ziehen in die freie Natur, dann werden wir erleben, wie sich plötzlich Gedanken von Freiheit, Liebe, Harmonie, Freude und Losgelöstheit in uns manifestieren und überwältigende Glücksgefühle »aus dem Nichts« auf uns einwirken.

Das Reich unserer Gedanken ist grenzenlos so wie ihre Geschwindigkeit. In Gedanken können wir überall sein. In Gedanken können wir auch – zeitlos – alles sein. Und *nichts* ist unmöglich!

Aber Begriffe wie »Engstirnigkeit« und »Gedankenlosigkeit« bestimmen immer noch Großteile unserer Gesellschaft, und es liegt an uns, diese Fesseln abzulegen und uns für unsere Gedanken zu öffnen und Schöpfer unseres glücklichen, von innerem Frieden geprägten Daseins zu sein.

Wie einfach dies geht, soll Ihnen folgendes Beispiel vor Augen führen: Stellen Sie sich vor, Sie erhalten einen Anruf von der Schule Ihres Sohnes und der Schuldirektor teilt Ihnen mit, dass es beim Turnunterricht zu einem schweren Unfall gekommen sei und Ihr Sohn unverzüglich in die Intensivstation des Krankenhauses geflogen werden musste.

Ein Schock für Sie. Gedanken der Angst ergreifen Sie unverzüglich und die Vorstellung, was alles noch passieren könnte bis hin zu einem möglichen Tod. Ein unbeschreibliches Unglück hat sie erfasst und droht sie körperlich zu lähmen, fast umzubringen.

Und dann läutet noch einmal das Telefon und der Schuldirektor entschuldigt sich bei Ihnen. Er hat die Telefonnummer verwechselt und es handelt sich überhaupt nicht um Ihren Sohn. Was geschieht nun? Ein Gefühl der Erleichterung, der Freude erfasst Sie, ein »Stein fällt Ihnen vom Herzen«, aber gleichzeitig ärgern Sie sich über den Schuldirektor, der achtlos gewesen war und Sie so erschreckt hatte.

Was ist aber wirklich für Sie geschehen? Gar nichts. Alles hat sich nur in Ihrer Vorstellung, dem Bewusstsein, im Denken und Fühlen, den Gedanken abgespielt. In Wahrheit ist gar nichts geschehen.

Und so, wie wir uns in unserer gedanklichen Vorstellung Unglück, Schmerz und Trauer, Versagen und Ungeliebtheit versinnbildlichen, als Bild unserer Sinne darstellen, so können dies auch Freude und Liebe, Glück und Harmonie sein.

Es liegt nur an uns. Wir sind der Schöpfer – mit der Macht unserer Gedanken, unserer Phantasie.

Geld – fließende Energie

»Geld bedeutet gar nichts – außer man hat es«, soll der griechische Reeder und große Gegenspieler von Aristoteles Onassis, Stavros Spyros Niarchos, gesagt haben. Worauf Aristoteles Onassis wiederum gesagt haben soll: »Ein reicher Mann ist ein armer Mann ... mit sehr viel Geld.«

Beide werden wohl irgendwie recht gehabt haben, meinen Sie nicht?

Zeit ist Geld, sagt man ... fälschlicherweise. Denn Zeit ist mehr als Geld, wie wir noch feststellen werden. In einer auf Materialismus, Kapitalismus fokussierten Welt eine Behauptung, die von der weitverbreiteten Meinung eher abweicht, wo man doch zu wissen glaubt, mit Geld alles kaufen, sich leisten zu können.

Und da man Geld vermehren, anhäufen, verschenken kann – warum nicht auch die Zeit?

Geld ist – wie die Zeit – von uns Menschen geschaffen und, genau genommen, bloß eine Gedankenform. Geld ist das, was wir mit der Macht unserer Gedanken daraus machen! Gutes oder Böses. Geld kann die unterschiedlichsten Formen und Größen haben. Eine Muschel auf einigen Südseeinseln zum Beispiel kann auch Geld sein. Ein Geldschein kann so klein sein wie eine Pfennigmünze (Notgeld in Kassel 1923) oder so groß wie ein DIN-A4-Blatt in China 1369–1399, wo übrigens im Jahre 812 n. Chr. das erste Papiergeld herausgegeben worden ist.

Wie schreibt Stuart Wilde in seinem Buch »Geld – Fließende Energie«: »Geld ist eine Gedankenform. Es ist Energiesymbol und besitzt keinen eigenen wahren Wert. Der ganze Trick beim Geld ist, dass man welches hat.«

Geld ist Energie. Nicht die Energie, die entsteht, wenn wir das Stück Papier, auf dem »10 Euro« gedruckt steht, verbrennen ... obwohl das natürlich auch Energie in Form von Wärme ist. Aber gleichviel, ob nun 10 Euro oder 500 Euro draufsteht. Das Papier brennt gleich lang ... und hat minimalen Materialwert.

Nicht erst seit Albert Einstein und seiner berühmten Energieformel $E = mc^2$ wissen wir, dass Energie nie verloren geht, sondern nur ihre Form ändert. Geld ist dafür das beste Beispiel.

Denken Sie nur daran, was wir uns für Geld alles kaufen können. Geld eintauschen für andere Energieformen (Strom, Gas, Kohle, Benzin, Nahrung, ...), Dienstleistungen, die unsere eigene Energie sparen helfen. Materielle und ideologische Werte, deren Besitz für uns schon wieder Energie (Besitz = Macht = Energie) darstellen.

Man kann sich für Geld Waffen kaufen oder sie neu entwickeln. Andere Völker unterjochen und deren menschliche Energie für sich arbeiten lassen ... oder sich deren Erdöl »aneignen«, weil man selbst zu wenig davon besitzt. Mit Geld können wir neues Leben schaffen, bestehendes erhalten, retten oder ... ver-nicht-en. Eine weitere der vielen »Nichts-Formen« aus unserem Alltag.

Mit Geld kann man absurderweise auch Arbeitsplätze kaufen, damit Menschen Arbeit haben, um wieder Geld zu verdienen.

»Absurd« deshalb, weil es – ist dabei die Politik mit im Spiel – zu Situationen führen kann, wo das Verschenken des Geldes sinnvoller gewesen wäre als das Schaffen von Arbeitsplätzen! Wie zum Beispiel in Deutschland unter Bundeskanzler Helmut Kohl, der 1993 ein Chemiewerk in Ostdeutschland mit 8 Milliarden Mark subventionieren ließ, um die Arbeitsplätze für 2300 Arbeiter zu sichern. Aber nur für vier Jahre ... dann musste das Werk sowieso zusperren.

Man muss nicht besonders gut im Kopfrechnen sein – 8 Milliarden dividiert durch 2300 macht sage und schreibe ca. 3,5 Millionen Mark pro Arbeiter Subvention für vier Jahre!

Wäre es da nicht klüger gewesen, diese Summe jedem Arbeiter in die Hand zu drücken? Er könnte bis an sein Lebensende sorgen- und arbeitsfrei leben. Und die Verluste des Chemiewerks blieben dem Steuerzahler obendrein erspart.

Aber man kann Nahrung kaufen, werden Sie vielleicht einwenden. Solange es die noch gibt und die Natur mit uns Menschen ein Nachsehen hat. Denn noch haben wir Landwirtschaft und Viehzucht, noch gibt es reines Wasser ... aber wie lange noch?

Das Schlagwort »Die Natur rächt sich« ist in diesem Zusammenhang – und in Hinblick auf die an Wahnsinn oder Selbstmord grenzende Umweltverschmutzung und den mangelnden Klimaschutz – falsch. Richtig ist, dass die »Natur uns ihre Rechnung für das präsentiert, was wir ihr – und damit uns – antun«. Um beim Geld zu bleiben: Wir müssen in unserem Leben für alles – früher oder später – bezahlen. Oder, wie Tuavii, der berühmte Südseehäuptling aus Samoa anlässlich eines Europa-Besuches bereits vor Jahrzehnten in einer Rede an seine Landsleute feststellte: »Ich habe nur eines gefunden, für das in Europa noch kein Geld erhoben wird, das jeder betätigen kann, soviel er will: das Luftnehmen. Doch ich möchte glauben, dass dies nur vergessen worden ist.«

Neben Luft (für die wir noch nicht bezahlen müssen, obwohl es für die kommerzielle Inanspruchnahme von öffentlichem Luftraum – nicht nur in Österreich – schon eine »Luftsteuer« gibt) ist Wasser (für das wir schon bezahlen müssen – aber nicht viel ... noch nicht) das wohl wichtigste Lebens- und Überlebensmittel des Menschen. Wenngleich dies weltweit noch vielerorts nicht erkannt worden ist.

Wasser ist billig, viel zu billig ... und so gehen wir Menschen nun einmal mit Dingen um, die nichts oder fast nichts kosten: Wir schätzen sie nicht, wir vergeuden sie. Wir machen sie wertlos. (Bis wir sie einmal nicht mehr besitzen!)

Der Ausverkauf der Gewässer in Europa, die bedenkenlose Verschmutzung und Vergeudung durch die Industrie werden in Kauf genommen, des Geldes wegen. Umweltschutz kostet Geld. Einen See, eine Quelle, kann man an Höchstbieter gewinnbringend verkaufen.

Wie war das bei Franz Alt? »Wasser wird bald kostbarer als Gold.« So werden für die Produktion von 1 kg Fleisch 13.000, von 1 kg Brot 1000 und von 1 kg Reis 5000 Liter Wasser benötigt.

Weniger oder kein Wasser, weniger oder keine Nahrung? Und gleichzeitig, weltweit, 2,4 Milliarden Menschen von Wasserknappheit bedroht ... und jedes Jahr 10 Millionen Menschen, die an Wassermangel oder verseuchtem Wasser sterben? Heute, an dem Tag, da Sie dieses Buch lesen, sterben 27.000 Menschen daran!

»Stirbt der Fluss, stirbt der Mensch«, sagen die Brasilianer.
Und wir? Was sagen wir?
»Geld regiert die Welt.«

Vom sinnvollen Umgang mit Geld

Wenn man viel Geld hat, kann man leicht gute Ratschläge geben, was man tun soll, wenn man wenig oder keines hat. Am besten lernt man den sinnvollen Umgang mit Geld von jemandem, der wenig oder gar kein Geld hat! Und dennoch glücklich und zufrieden ist! Wie schrieb Peter Rosegger (1843–1918): »Wie war ich doch reich, als ich noch arm war ...«

Der »sinnvolle Umgang mit Geld« hat in erster Linie damit zu tun, was man mit dem wenigen Geld, das man hat, macht. Ganz abgesehen von der Tatsache, dass jemand, der wenig besitzt, auch wenig verlieren kann – eine Ur-Angst der meisten reichen Menschen, das Verlieren, das Bestohlen- und Betrogen-Werden. Um so weniger man von etwas hat, um so sorgfältiger, liebevoller, demutsvoller geht man damit um. Das ist erwiesen.

Natürlich kennt fast jeder Mensch einen anderen Menschen, der ein System kennt, reich zu werden – das nicht funktioniert. Auch Donald Trumps Bestseller »Wie man reich wird« kann darüber nicht hinwegtäuschen, dass nicht die Leser, sondern nur er als Autor mit dem Verkauf des Buches noch reicher geworden ist.

Oder glauben Sie, dass ein Manager mit einem hohen Millionen-Euro-Jahreseinkommen glücklicher ist als der Angestellte, der sich vielleicht eben von seinem jahrelang ersparten Geld sein erstes Motorrad gekauft hat. Der nun, seine junge Frau auf dem Rücksitz, bei herrlichem Sonnenschein eine kleine Wochenendausfahrt macht, auf eine kleine Jause einkehrt und mit seiner Frau ganz aufgeregt darüber diskutiert, wie sie den sehnlichst erwarteten Sohn wohl nennen sollten?

Das Motorrad in meinem Beispiel ist fast schon Luxus – es könnte auch ein Fahrrad – oder gar nichts – sein. Zum Glück und »Reichtum« des jungen Ehepaares trägt es nur unwesentlich bei. Was zählt, das ist die Liebe der beiden und die Vorfreude auf ihr Baby. Ein fröhliches und gesundes Kind soll es werden, wie sie hoffen. Das ist für sie Reichtum und Glück in einem. Und durch kein Geld auf dieser Welt zu kaufen.

Den sinnvollen Umgang mit Geld kann man erlernen. Einige Fragen dazu:
– Beobachten Sie, wie Sie mit Geld umgehen. Jeden Tag, in der Tat, aber auch in Gedanken. Welchen Stellenwert hat Geld in Ihrem Leben?
– Sind Sie – zumindest gedanklich – ein »armes Ich«, ein »Opfer« von zu wenig Geld? Denken Sie mehr an das, was Sie nicht haben, als das zu schätzen, was Sie haben? Und das muss nicht immer Geld sein!
– Vergeuden Sie Ihre wertvolle Gedanken-Energie für unsinnige Wunsch- und Schuldgefühle und schaffen so finanzielle »Abhängigkeit«?
– Wie stehen Sie zu »Geben und Nehmen«? Können Sie ein Gleichgewicht zwischen beiden herstellen, ohne dies mit Geld »auszugleichen«.
– Leihen, Schenken ... fällt Ihnen das schwer?
– Kennen Sie sogenannte »Tauschkreise«? Tauschen Sie bereits eigene Waren oder Leistungen gegen andere, von Ihnen benötigte? Zum Beispiel »Babysitten« (Ihre Zeit) gegen die Einkommenssteuererklärung, die Sie machen müssen, sich aber nicht so genau auskennen (Rat/Expertise) ... oder die gebrauchte Kleidung Ihres Kindes gegen Nachhilfeunterricht in Mathematik ...?
– Verborgen Sie Geld in der Erwartung, mehr dafür zurückzubekommen? (Falls Sie mit Nein antworten: bedenken Sie, dass das Geld auf der Bank auch geborgtes Geld ist ... das die Bank verwendet und von ihrem – hoffentlich erzielten – Gewinn einen Bruchteil, »Zinsen«, an Sie bezahlt.)

– Stört es Sie, dass der Staat Sie genau genommen dafür bestraft, dass Sie Geld »sammeln«, sparen? Und für die von Ihnen erzielten Zinsen eine »Zinsertragssteuer« kassiert? Tun Sie etwas Kreatives dagegen?

»Ich beriet mich bei mir selbst«, sagte Heraklit von Ephesos. Und das ist es, was ich mit den oben angeführten Fragen erreichen wollte. Dass Sie sich über ihren Umgang mit Geld und ihre Einstellung dazu klar werden ... und aus Ihrer eigenen Erkenntnis Ihr eigener Ratgeber werden. Kostenlos, wie alles, das wir für uns selbst tun!

Alles fließt ...

Heraklit war es auch, der bereits auf Sein oder Nicht-Sein als »Elemente des Werdens« hingewiesen hat. Vor allem sein wohl berühmtester Ausspruch – »Panta Rhei« (»alles fließt«) – hat vor allem in Bezug auf Geld als »fließende Energie« seine Gültigkeit bis heute.

Laut Heraklit von Ephesos kann man nicht zweimal in den gleichen Fluss steigen, da er immer wieder neu ist und durch neue Wasser verändert worden ist. So verhält es sich auch mit unserem Leben, das einer ständigen Veränderung unterzogen ist. Und so verhält es sich auch mit der Gedankenform »Geld«.

Geld muss fließen, um seinen ursprünglichsten Sinn als Tauschmittel zu erfüllen. Geld soll nicht angehäuft werden, auf geheimen Konten oder in versteckten Sparstrümpfen veraltern ... um dann irgendwann nichts mehr – oder weniger – wert zu sein. Alles fließt – die Natur erlaubt kein Vakuum, kein Nichts ... und so wird stets in einen leeren Raum etwas hineinfließen.

Werfen wir alte Dinge weg, neue werden nachkommen. Bekanntschaften, Beziehungen, Freundschaften, Situationen. Werte, die aus unserem Leben gehen, werden durch neue ersetzt. Ausgetauscht, könnte man sagen.

Geld – so man etwas davon hat – sollte auch getauscht, verwendet werden. In andere Energieformen – zum Wohl und Glück von uns Menschen. Geld wartet nur darauf, »umgetauscht« zu werden. Das ist seine Bestimmung. Hortet man Geld auf der Bank oder im Sparstrumpf, dokumentiert man unbewusst, dass man es eigentlich gar nicht benötigt.

Nach der Gesetzmäßigkeit, dass unser Unterbewusstsein keine Verneinung kennt, wird aus »ich habe mein Geld auf der Bank, damit ich es nicht verliere« ein »damit ich es verliere« – was in Anbetracht der Inflationsraten in fast allen Ländern der Welt und im Vergleich zu den sogenannten Sparzinsen auch tatsächlich der Fall ist.

Nicht sparen – besser wirtschaften!

Es sagt sich zwar so leicht »Das letzte Hemd hat keine Taschen«, aber wer denkt schon wirklich an den »letzten Moment«? Und doch, mehr Menschen, als man glauben möchte – sparen, damit ihr Abschied aus dieser Welt in Ehren und Würden mit einem entsprechenden Begräbnis finanziert werden kann. Denn nicht nur leben, auch sterben ist teuer geworden ... und den Nachkommen möchte man im Abschiednehmen nicht auch noch finanziell zur Last fallen und nicht mit einem »hinter mir die Sintflut« von der Lebensbühne abtreten.

Sparen in Form von Vorsorge oder »Zwecksparen«, damit man sich eine Anschaffung ohne teure Kredite und Schulden leisten kann, ist eine anerzogene Tugend und eine sinnvolle »Sparsamkeit« mit dem Grundsatz: »Spare in der Zeit, dann hast du in der Not ...«

Aber nicht nur Vor- und Fürsorge nehmen einen Platz in unserem Leben ein, auch der unbändige Drang unserer Egos nach immer mehr Haben, Besitzen, Nehmen und immer weniger Geben bestimmen es ganz wesentlich.

Und so wundert es nicht, dass die sinnvolle Form des Vorsorgesparens zu einem oft sinnlosen Anhäufen von ausschließlich materiellen Werten ausartet und nur allzu oft in unwirtschaftlicher Sparsamkeit und Geiz endet. Geiz ist nicht geil, im Gegensatz zu einer werblichen Behauptung einer Elektrowarenkette, und er ist schon gar keine positive menschliche oder wirtschaftliche Eigenschaft. Geiz, vom mittelhochdeutschen »git« (Gier/Habgier) abgeleitet, ist eine Sucht. Eine Sparsucht. Eine »Habsucht«, die auch einer der sieben Todsünden zugeordnet wird.

Übertriebene Sparsamkeit in Verbindung mit dem Unwillen, Besitz in welcher Form auch immer zu teilen, sind leider trauriger Bestandteil unseres Denkens und Handelns geworden. Wir »sparen«, koste es was es wolle, um nur ja mehr zu haben als andere, und übersehen dabei vollkommen, dass damit dessen Sinnhaftigkeit verloren geht.

Denn die liegt einzig und alleine darin, mit dem, was man hat, besser zu wirtschaften und aus den zur Verfügung stehenden finanziellen Mitteln das Beste zu machen. Und das gilt für Unternehmungen ebenso wie für den Staat oder jeden Privathaushalt – und zwar in Zeiten, wo es einem gut geht.

Ist man erst einmal in Not geraten und sind zusätzliche Einnahmequellen nicht in Sicht oder möglich, haben alle Maßnahmen mit Sparen nur mehr wenig zu tun, sondern sind reine Reduktionsaktionen. Man ist gezwungen, Kosten »einzusparen«, zu reduzieren. Firmen sparen beim Werbebudget, bei Mitarbeitern und Gehältern, der Staat spart bei Pensionen oder Sozialausgaben bei meistens gleichzeitiger Erhöhung der Steuern und der Staatsverschuldung, und im Privathaushalt werden entweder Urlaube und Anschaffungen gestrichen – oder, nachdem wir ja nicht gerne freiwillig auf etwas verzichten, Schulden gemacht.

Erst in dieser bedenklichen Situation fällt meistens auf, dass die Energiekosten extrem gestiegen sind, die Telefonrechnung unkontrolliert gigantische Ausmaße angenommen hat (jedes Familienmitglied benötigt ja ein eigenes Handy) und die Anschaffung des neuen Autos zwar angeblich günstig, der neuen Tintenstrahldrucker fast ein Geschenk (der alte hat ja noch funktioniert), im Unterhalt aber extrem kostspielig war. Und alle die unzähligen »Schnäppchen«, die man sich unbedingt kaufen musste, da ja so billig, stellten sich als nicht wirklich benötigt heraus.

Die Zeiten, in denen es in Österreich zum Beispiel sogar noch Viertel- oder Achtel-Telefonanschlüsse gegeben hat, ist gar nicht so lange her – das war zuletzt noch 1999.

Acht Jahre später ein unvorstellbarer, unzumutbarer Zustand aus der Steinzeit der Technisierung und des Fortschrittes. Aber ich glaube nicht, dass die Menschen damals unglücklicher waren – außer wenn ihnen ein egoistischer Dauertelefonierer die Leitung besetzt hielt.

Wir leben in einem Zeitalter, »in dem alles möglich ist«, wie wir stolz behaupten. Also müsste es auch möglich sein, statt sinnlosem, unwirtschaftlichem Sparen, statt Geiz und Habgier, dem nie endenden Zwang des Anhäufens von Besitz und Geld, ein Ende zu setzen und ein positives Umdenken einzuleiten.

Und mit dem neuen Denken, dem sinnhaften Wirtschaften und dem harmonischen Gleichgewicht von Geben und Nehmen, würden auch wir Menschen uns und damit die ganze Welt verändern.

Die Kunst des richtigen Wünschens

»Nicht der ist reich, der viel besitzt, sondern der,
der sich wenig wünscht!« (Seneca)

Wünsche begleiten uns seit jeher durch unser Leben. Hat es doch immer mit »besitzen wollen«, »haben wollen« zu tun.

Als Baby wird lauthals geschrien, als Kleinkind »Viky will haben« bis zur Selbstaufgabe der Eltern wiederholt. Und von den verbalen Wunschäußerungen geht es dann nahtlos in die weniger verbalen, aber umso bedeutenderen.

Wünscht man als »junger Mann« noch Astronaut, vielleicht auch Pilot oder Arzt zu werden, so werden die geheimen Wünsche der Teenager dann schon anspruchsvoller ... und gefährlicher. Denn

Wünsche haben die oft übersehene Eigenschaft, dass sie sich verwirklichen können wie alles, auf das wir unsere Aufmerksamkeit, die Energie unserer Gedanken, lenken.

Richtiges Wünschen ist eine Kunst. Umso mehr, als Befragungen ergeben haben, dass 70 % aller Befragten nicht einmal genau wissen oder beschreiben können, was man sich genau wünscht – und Begriffe wie Glück, Zufriedenheit, Gesundheit vorherrschen.

Reich zu sein, viel Geld zu besitzen, zählt auch dazu!

Viel genauer wissen wir Menschen allerdings, was wir *nicht* haben wollen, was nicht möglich ist oder wir nicht (zu) können (glauben). Und nur allzu oft konzentrieren sich unsere Gedanken auf eben dieses Nicht-Wollen und Nicht-Können. Als Resultat sind wir dann überrascht und enttäuscht, wenn die negative Erwartung auch tatsächlich eintritt.

Wünsche sind konzentrierte Gedanken ... und Gedanken sind Energie. Also sind Wünsche ganz spezielle Energie, die wir auch bewusst und sinnvoll, mit Feingefühl, einsetzen müssen. Und »gute Dinge wünschen«. Echte Werte – nicht »Scheinwerte«.

»Wen die Götter strafen, dem erfüllen sie seine Wünsche«, heißt es im berühmten Film »Out of Afrika« ... und so ist es auch. Denn die Erfüllung eines Wunsches ist an keine Bedingungen geknüpft und kann auch Auswirkungen auf unser Leben haben, die wir uns auf keinen Fall gewünscht haben.

Nach jedem erfüllten Wunsch sind wir nicht mehr derselbe Mensch wie zuvor, das gilt es zu bedenken. Aber die Erfüllung eines Wunsches kann mit unabsehbaren, »un-gewünschten« Folgen für uns und unser Leben verbunden sein. Die Medien berichten nur all zu oft von glücklichen Lottogewinnern, die ihr Leben im Rollstuhl verbringen müssen, oder Erbschaften durch den Verlust eines geliebten Menschen und dem Wunsch der vermeintlich Glücklichen: »Ach wäre das doch nicht alles in Erfüllung gegangen ...!«

Also: Vorsicht vor dem, was und wie wir wünschen! Denn:

1. Ein Wunsch ist in vielen Fällen eine »Ersatzhandlung«. Ma-

terielle Wünsche können ein Spiegelbild unseres Ichs und ein Ausgleich für bestehende Mängel in uns und unserem Leben sein. Der Wunsch nach einem Pelzmantel vielleicht fehlende Wärme in unserem Leben, nach einem tollen Sportwagen fehlende Bewegungsfreiheit, die Auswahl eines speziellen Lebenspartners vielleicht die fehlende Mutter, der fehlende Vater ...

2. Oder aber: bestehender Neid. Wir hätten gerne ein Objekt, weil wir es dem anderen nicht gönnen.

3. Fehlender Selbstwert. Dieser äußert sich oft in Wünschen nach Dingen, mit denen wir uns umgeben wollen, um mit unserer »teuren« Umgebung uns selbst »aufzuwerten«.

4. Falsche Ziele. Die Sucht, Idealen, Idolen gleich zu werden. Sich ein hochtrabendes, unerreichbares Ziel zu setzen, ist immer gefährlich – es führt uns weg vom Jetzt, von der Gegenwart, in ein Zukunftsbild, das wir verwirklichen, erreichen wollen. Insgeheim wissen wir jedoch, dass wir es nie schaffen werden. Das Ziel liegt weit entfernt von uns in einem »Nebel« – und viele Menschen fliehen bei dieser Erkenntnis in die Sucht, in Drogen und Alkohol, und »nebeln« auch sich selbst ein. Anstatt es mit einem alten Spruch zu halten, der sagt: »Idole sind wie Sterne, man kann sie nie erreichen, aber man soll sich an ihnen orientieren.«

5. Die Erkenntnis, dass wir auf unsere Wünsche fast immer etwas bekommen ... oft nicht das, was wir uns wünschen, sondern das, was wir brauchen. Für unsere Entwicklung in unserem Leben. Und das kann sich von unseren Wünschen sehr unterscheiden.

6. Ein Wunsch ist immer verbunden mit einer Erwartungshaltung. Dass er erfüllt wird, nämlich. Und für uns vermeintlich unerfüllte Wünsche erzeugen. Ärger, Stress, Frustration, Selbstkritik, Depressionen ... und oft auch noch mehr Neid und Hass. Nicht nur auf andere, auch auf uns selbst!

7. Ein erfüllter Wunsch kann nicht mehr rückgängig gemacht werden. Auch wenn wir uns noch so oft wünschen: »Ach hätt' ich doch nicht ...«

Und der wohl wichtigste Grundsatz überhaupt: Vorsicht bei der

Formulierung Ihrer Wünsche – verwenden Sie keine Negativform. In einem der folgenden Kapitel werden wir genau darauf eingehen, dass unser Unterbewusstsein keine Verneinung kennt. Wünschen Sie daher stets in der Wunsch- oder Gegenwartform.

Von unserem innigen Wunsch »Ich will nicht krank sein!«, bleibt nämlich als Wunsch übrig: »Ich will ... krank sein!«

Daher richtigerweise: »Ich bin gesund.« »Ich bin ein erfolgreicher Erfinder, Musiker, Künstler, Lehrer ...« »Ich bin Vater eines gesunden Sohnes.«

Oder: Wünschen zu *sein.* »Ich wünsche mir, ein ... ... zu sein!« »Ich wünsche mir, Besitzer eines ... ... zu sein!

Achten Sie auch, worauf Sie Ihre Gedanken und Ihre Aufmerksamkeit lenken und auf was Sie Ihr Wunschdenken konzentrieren. Das Gesetz der Anziehung wirkt immer und unsere Vorstellungsgabe ist, selbst für die Funktion unseres Körpers, eine ungeheure Macht ... was ein simples Beispiel demonstriert:

Stellen Sie sich eine Zitrone vor. Sobald sie vor unserem geistigen Auge erscheint, beginnt der Körper mit seiner »automatischen Arbeit«, einer Vermehrung der Speichelfunktion durch die dafür zuständigen Drüsen. Und wenn Sie ein Foto von einer Zitrone sehen, dann geschieht dies ebenso wie bei einer echten Zitrone, die Sie in Händen halten.

Oder wenn Sie als Mann eine attraktive, erotische Frau sehen: Ihre Erregung wird unverzüglich beginnen und körperlich Reaktionen zeigen, die dem Inhalt Ihres Denkens, Ihrer Vorstellung entsprechen.

Die Werbung, die Filmindustrie, Radio und Fernsehen, die uns täglich bewusst und unbewusst umgeben, bauen darauf auf. Sie erwecken in uns Vorstellungen und Wünsche, die wir, so glauben wir, mit dem Kauf oder der Konsumation bestimmter Produkte erfüllen können.

Das Gebet – eine Form des Wünschens?

Von allen Gebeten, die wir Menschen beten, sind jene mit einer Für-Bitte in der Mehrzahl. Wir bitten für etwas. Entweder für uns selbst oder für Mitmenschen, Freunde, Familienmitglieder. Selbst wenn wir Gott, der Schöpfung, danken, verbinden wir dies meistens auch mit der »bescheidenen Bitte«, es uns immer gut oder zumindest »nie schlechter ergehen zu lassen«. Das Vaterunser ist wohl das beste Beispiel dafür. Beten ist eng verbunden mit (dem) Glauben.

Eine Umfrage hat ergeben, dass von den Befragten 60 % an »eine höhere Macht in ihrem Leben« glauben, aber nur 32 % regelmäßig und 16 % gelegentlich beten. 17 % selten und 35 % gar nicht. Nie. Aber mehr als die Hälfte glaubt laut einer GEO-Umfrage (01/2006) an Wunder und daran, dass die Kirche eine Zukunft im Leben des Menschen hat.

Der moderne Mensch glaubt, weil er sich mit wissenschaftlichen Erklärungen das Leben ganz einfach nicht vorstellen kann – weil er, einfach ausgedrückt: nicht weiß.

Glauben heißt nichts wissen, sagt man. Und so ist es auch. Entweder weiß man etwas – dann muss man es nicht glauben, man weiß es ja. Oder man weiß etwas nicht – dann kann man, wenn man will, daran glauben. Die Dualität des »Entweder-oder«!

Der Glaube ist eine Himmelsmacht, sagt der Volksmund. Und er kann Berge versetzen ... und Nationen aus Asche und Schutt neu entstehen lassen. Wie Deutschland oder Österreich nach dem Zweiten Weltkrieg.

Von der unvergesslichen Weihnachtsansprache Bundeskanzler Leopold Figls aus dem Jahr 1945 gebe ich als Beispiel die bekannten fünf Sätze wieder: »Ich kann euch zu Weihnachten nichts geben. Ich kann euch für den Christbaum, wenn ihr überhaupt einen habt, keine Kerzen geben. Kein Stück Brot, keine Kohle zum Heizen, kein Glas zum Einschneiden. Wir haben nichts. Ich kann euch nur bitten: Glaubt an dieses Österreich!«

Und dieser Glaube hat gewirkt, wie wir wissen. Wie auch die unzähligen guten Gebete.

Neid und Eifersucht

Dass dieses Kapitel bald nach den Ausführungen und Überlegungen zum Thema Geld und dessen Energie folgt, das ist natürlich kein Zufall. Liegt es doch auf der Hand, dass Geld und die damit verbundenen gekauften »Werte« einer der größten, wenn nicht der größte Neid- und Eifersuchts-Erreger in unserem Leben darstellt.

Neid und Eifersucht – beide negativen Charaktereigenschaften haben die gleichen Wurzeln: fehlendes Selbstvertrauen und mangelndes Selbstbewusstsein. Und nicht nur das: beide, Neid wie auch Eifersucht, haben mit Energie auf der zwischenmenschlichen Beziehungsebene zu tun. Verlust an Energie in erster Linie. Und beide Eigenschaften können irreale Formen annehmen, zur Krankheit werden. So wie eine reale Angst vor Dingen, Situationen etc. zu einer Phobie, einer Erkrankung der Seele werden kann. Und damit gefährlich! Gefährlich für unser Wohlergehen, aber auch jenem der anderen.

Das wohl bekannteste Beispiel dafür kann man der Geschichte der beiden Brüder Kain und Abel entnehmen, nach denen auch der sogenannte »Kainskomplex« benannt ist. Kain war so neidisch auf seinen Bruder Abel, dass er diesen erschlug (1. Mose, 4 ff.) – eine Situation, die unter Geschwistern in abgeschwächter Form dazu führen kann, dass sie voneinander nichts mehr wissen wollen.

Neidauslöser, Erreger, in diesem Fall, wie in vielen anderen auch, entstehen in einem Familiensystem, in dem ein Kind sehr bevorzugt wird ... oder Kinder, was leider auch sehr häufig vorkommt, gegeneinander ausgespielt werden. Das eine Kind stets als Vorbild für das andere, was nicht in gesunder Rivalität, sondern extremem Neid enden kann.

Man kann grundsätzlich auf jeden und alles neidisch sein, da gibt es keine Einschränkungen. Neid ist ein unangenehmes Gefühl und in unserer Gesellschaft verpönt. Es ist ein Angriff auf unser Selbstwertgefühl und ein Verlust von Lebensenergie, da es stets verbunden ist mit unerfülltem Begehren und Wünschen. Neid kann aggressive Formen annehmen (siehe Kain und Abel) oder auch bloß »missgünstig« sein, in dem ich dem Beneideten alles erdenklich Böse und Schlechte wünsche ...

Beneidet jemand eine andere Person ob deren »Reichtum« oder was auch immer, so ist dieser Neid bloß Ersatz und Ausdruck dafür, dass der Betreffende nicht selbst seine (wirtschaftlichen, künstlerischen etc.) Fähigkeiten ausbilden und einsetzen kann. Neid drückt sich auch körperlich aus, zum Beispiel wenn man »blass vor Neid« wird.

Die Angst, nicht genug zu haben, nicht gut genug zu sein, schränkt die Lebensvitalität ein, engt sie ein und lässt uns erblassen, die Lippen zusammenpressen. Neid ist ein »nagendes« Gefühl und geht einher mit Erkrankungen der Verdauungsorgane, des Magens und des Darms.

Aber alles Negative hat auch seine positiven Seiten. Und so kann man aus Missgunst sehr leicht Gunst entstehen lassen. Von einem destruktiven Neider zu einem aus Neid »Bewunderer« werden, was allerdings voraussetzt, dass man sich zu seiner Schwäche namens »Neid« bekennt und lernt, damit umzugehen.

Ein Weg dazu sind Freundschaften, die erwiesenermaßen Neid reduzieren oder gar nicht zulassen. Einem Freund gönnt man leichter Erfolg, Reichtum, Glück als einem Fremden.

Gehen wir aber von dem alten Spruch aus: »Ein Fremder ist bloß ein Freund, den wir noch nicht getroffen haben«, dann sollte uns auch der nächste Schritt zur Neid-Verminderung möglich sein. Oder?

Und nachdem es nicht nur Neider, sondern auch beneidete Menschen gibt, kann der Neid anderer Menschen auf Sie, liebe/r Leser/in, auch positive Aspekte zeigen.

Empfindet nämlich jemand Neid auf Sie, dann sind Sie es, der mit der verlorenen Energie des Neiders gestärkt wird. Sie und Ihre Leistung werden aufgewertet, wenn Sie es richtig sehen. Gefährlich wird es für Sie nur, wenn sie dem Neider in die Falle gehen, wenn Sie auf einen Neider treffen, der seine Energie darin verwendet, Sie zu »entwerten«, Ihre Leistung zu schmälern, lächerlich zu machen, wenn er Ihre Wertschätzung und Ihr Selbstwertgefühl »annagt«.

Sie können – und müssen – in diesem Fall bedacht sein, dass nicht Energie von Ihnen abgezogen wird, und den Neider ganz einfach damit konfrontieren, dass Sie ihn und seine Absichten durchschaut haben ... und dieser wird in 99 % aller Fälle seinen Neid abstreiten und die Gegenfrage stellen: »Auf was soll *ich* denn bei *Ihnen* neidisch sein?«

Und damit eröffnet er Ihnen den nächsten Schritt, in dem Sie so tun »als ob«. Sie tun, als ob Sie sich und Ihre Leistung selbst entwerten (was ja der Neider eigentlich wollte) und erklären diesem: »Auf was Sie neidisch sein sollen bei mir, weiß ich auch nicht. Das, was ich getan habe (besitze etc.), ist doch wirklich nichts Besonderes. Das kann doch jeder (haben) ... könnte noch viel besser sein etc.«

Und sollte auch dies nicht nutzen und Sie weiterhin dem Neid des anderen ausgesetzt bleiben, meiden Sie ihn ganz einfach.

Dann hat er nicht nur sein »Opfer« verloren!

Eifersucht

Auch hier ist fehlendes Selbstvertrauen, gepaart mit der Angst vor dem Verlieren des Nährbodens, dem Verlassen-Werden die Ursache. Aber verlieren kann man bekanntlich nur, was man vorher besessen hat. Besitz also. Und hier liegt das Übel begraben ... im Haben!

Wer nicht loslassen kann, wer Liebe mit Besitzen gleichstellt, wer sich sexuelle Exklusivität bei seinem Partner auf die Fahnen schreibt, der erliegt dieser den Selbstwert eines Menschen zerstörenden Sucht.

Eifersucht
Ist eine Leidenschaft
Die mit Eifer sucht
Was
Leiden schafft

Denn das kommt noch dazu. Das Leiden und nur allzu oft das »Leiden-Wollen«. Das »arme Ich« in uns. Das verlassen, betrogen wurde. Wo uns doch der vermeintliche Besitz rechtens zusteht. Glauben wir.

Besitzstreben und fehlende Selbstsicherheit, das Festhalten-Wollen resultieren in Eifersucht und diese wiederum sehr oft in Aggressionen, in Wut und Hass. Und in Rachegelüsten, die bis zu Mord und Totschlag führen können. »Wenn ich sie schon nicht haben kann, dann soll sie keiner haben ...«

Haben, besitzen wollen, als einzig glücklich machender Lebensinhalt gilt es zu eliminieren, zu verändern. Ein nicht leicht zu befolgender Ratschlag für eifersüchtige Menschen. Wir alle kennen verschiedene Arten der Eifersucht, leiden an dieser Krankheit, deren Heilung nur über uns selbst, unser Ego, und das damit stets verbundene Besitzdenken führt. Die besten Ratschläge von guten Freunden helfen da nichts, denn dieses Problem haben wir uns, wie viele andere auch, selbst geschaffen. Und nur durch uns, durch bewusstes Loslassen und Nicht-besitzen-Wollen, können wir die negativen Auswirkungen von Eifersucht reduzieren und schlussendlich ganz vermeiden.

Bedenken wir: Niemand, kein Mensch, auf dieser materiell orientierten Welt, gehört irgend jemandem. Genau genommen gehören nicht einmal wir uns selbst.

Wir haben alles nur für eine uns unbestimmte Zeit geliehen bekommen. Um es – unser Leben – bestmöglich zu verwalten.

Das Beste daraus zu machen.

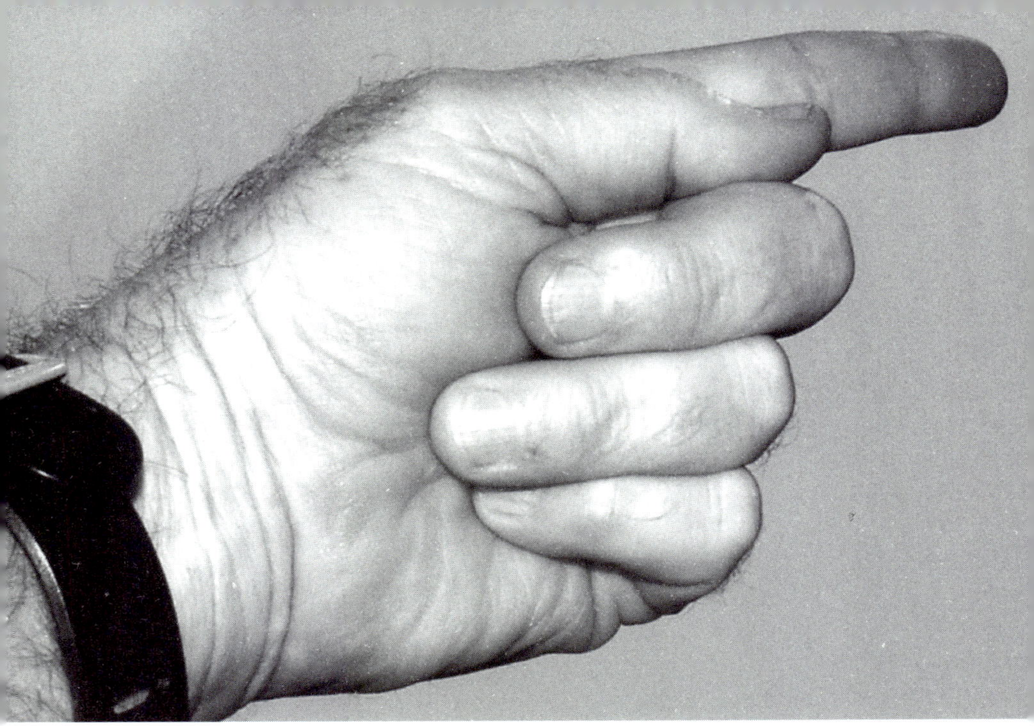

»Die anderen« – das sind auch wir!

Mit dem Zeigefinger unserer Hand zeigen wir auf andere –
aber drei Finger zeigen stets zurück.
Auf uns!

Der Splitter im Auge des anderen ...

Unsere Mitmenschen zu be- und ver-urteilen fällt uns relativ leicht. Auf andere Menschen zu zeigen – von uns selbst »abzulenken« auch. Eine Taktik, der wir uns nur allzu oft bedienen, die jedoch – sehen wir genauer hin – uns unsere eigenen Mängel vor Augen hält. Wenn wir diese sehen wollen.

Denn jedes Mal, wenn wir mit dem Zeigefinger auf andere zeigen, dann zeigen drei Finger der gleichen Hand auf uns zurück! Auf uns und unser eigenes Leben. Sehen wir nicht im anderen meistens nur das, was wir in ihm sehen wollen? Und vielleicht sehen wir in ihm, was uns bei uns selbst auch stört? Wovor wir vielleicht Angst haben, was schlechte, schmerzhafte Erinnerungen und Gefühle in uns weckt.

Es ist schwierig und oft enttäuschend, anhand der eigenen Person, dem eigenen Verhalten, den Mut und die Disziplin aufzubringen, sich selbst einen Spiegel vor das Gesicht zu halten, um zu erkennen, was uns zum Beispiel unser Körper, aber auch unser Umgang mit anderen Menschen, unser Denken, mitteilt. Über uns und unseren Seelenzustand.

Bei unseren Mitmenschen fällt uns eine Be- und Verurteilung relativ leicht. Vor allem deren Mängel und Schwächen sind uns offensichtlich. Aber: »Den Splitter im Auge des anderen erkennen wir«, heißt es, »aber den Balken im eigenen, den sehen wir nicht.«

Mit der »Zeigefinger-Taktik« und dem Nicht-Erkennen der eigenen Mängel und Schwächen nehmen wir uns selbst die Möglichkeit, verständnis- und vor allem liebevoll damit, mit unserem Ich, umzugehen. Zu erkennen, wer und wie wir sind – und nicht, wie wir gerne sein wollen.

Immerhin bestehen wir Menschen aus drei vollkommen unterschiedlichen Personen:

– dem Menschen, wie wir von anderen gesehen werden

– dem Menschen, wie wir uns selbst sehen (und glauben zu sein)

– dem Menschen, der wir tatsächlich sind – mit allen unseren Stärken, aber auch Mängeln und Schwächen.

Es liegt alleine an uns, für welchen der drei wir uns entscheiden.

Sich selbst lieben und verzeihen – nicht kritisieren!

Der Mensch, den wir in unserem Leben am besten kennen, der sind wir selbst! Und gerade weil wir uns so gut kennen, sind wir zu uns selbst besonders hart und kritisch und – leider nur allzu oft – sehr lieblos. Aber wenn wir für uns selbst oft wenig Liebe übrig haben, wie können wir dann andere lieben?

»Ich liebe dich« – das sind die drei wohl wundersamsten Worte, die wir Menschen kennen, aber nur selten, wenn überhaupt, zu uns selbst sagen. Ohne Eitelkeit, ohne Selbstsucht ... ganz einfach: »Ich liebe dich!«

Für unsere Stärken werden wir bewundert, für unsere Schwächen geliebt. Das sollten wir auch mit uns so halten. Wir kennen unsere Schwächen genau. Bewusst und meistens auch unbewusst. Und statt diese zu akzeptieren, als Basis für unseren Lebens-Lern-Prozess zu nehmen, verfallen wir in Selbstkritik, Unzufriedenheit und Verzweiflung. Wir zweifeln an uns selbst. Vertrauen nicht auf unsere Fähigkeiten, von denen wir alle mehr als genug haben.

Gedanken haben die Eigenschaft, sich zu verwirklichen. Negative Gedanken über uns selbst, Eigenkritik, ebenso ... und so *werden* wir auch das, was wir denken. Im Guten wie im Schlechten.

Eigenliebe ist nicht »Selbstverliebtheit« oder Narzissmus, Eitelkeit. Sie müssen – und sollen – nicht in Ihr eigenes Bildnis verliebt sein, sich wie Narziss in der griechischen Mythologie seinem sich im Fluss widergespiegelten Antlitz in verzauberter und krankhafter Selbstliebe hingeben und dabei andere Menschen, die Natur etc. vernachlässigen.

Eigenliebe ist ein bedingungsloses Annehmen der eigenen Person und ein »in sich selbst ruhen«. Sie können sich über Erfolge und gute Taten, Ereignisse freuen, Sie können sich aber auch bei Niederlagen und Misserfolgen trösten. Damit leben.

Das ist Eigenliebe, die ich Ihnen sehr ans Herz lege. Ist sie doch auch die Ausgangsbasis für Ihre Liebe generell. Anderen Menschen, Tieren, der Natur gegenüber. Wenn Sie sich selbst nicht akzeptieren, annehmen, wie können Sie es bei anderen Menschen? In jeder anderen Person in Ihrem Leben werden Sie immer nur sich selbst finden ... mit allen Ihren Stärken und Schwächen. Sich selbst und Ihre Vorstellungen, die Sie von sich selbst haben. Wie sie in Ihren Augen sein sollten.

Eine gesunde Kritik am eigenen Tun, Aussehen, Auftreten, ist wichtig, das ist klar. Ungesund und schädlich wird es, wenn wir auch hier unser Maß verloren haben. Dann wird diese Selbstkritik auch in Neid und Hass umschlagen und zu einer negativen Charaktereigenschaft.

»Ich liebe mich« sind daher auch heilsame Worte für unsere Seele und somit unser ganzes Wesen. Denn Liebe ist keine Einbahnstraße. Was wir geben, kommt auch zurück. Auch von uns selbst ... erst recht von unseren Mitmenschen.

Weinen wir nicht der möglicherweise nicht erhaltenen Liebe in unserer Kindheit nach. Der Liebe, die wir von anderen erwarten und vielleicht nicht bekommen.

Machen wir es besser. Auch mit unseren Kindern und mit unseren Freunden, unserer Familie. Und mit uns selbst.

Es liegt ja nur an uns!

Fehler – nichts daraus lernen?

Zum selbst bedingungslos Annehmen, zum sich selbst Lieben gehört auch, aus Fehlern zu lernen. Diese akzeptieren zu lernen. »Ein kluger Mensch macht immer wieder neue Fehler ... und ein dummer immer dieselben.«

Erfahrung ist, aus Fehlern lernen, sagt man. Es ist einem somit etwas »widerfahren«. Der Fehler meistens. Denn nur »aus Fehlern wird man klug«, besagt schon ein altes Sprichwort.

Ein Fehler ist in erster Linie ein Ereignis, ein Resultat einer »Tat«, mit dem man nicht gerechnet hat. Man hat es ja eigentlich ganz anders geplant. Denn Fehler zu machen, plant man ja nicht (mit wenigen Ausnahmen, wo man sie natürlich zum Schaden anderer absichtlich macht ...).

Es gibt Fehler, die, erst einmal gemacht, nicht mehr korrigiert werden können. »Ach hätt' ich das bloß nicht getan (gesagt)«, heißt es dann. Ein wesentlicher Ausgangspunkt für unser bewusstes Nicht-Handeln!

Es gibt aber auch Fehler, die man wieder korrigieren kann. Den Fehler »ausbessern«.

In beiden Fällen gilt der Grundsatz: Getan ist getan ... doch sollten wir bei allem, was wir tun, darauf achten, dass unsere Fehler nicht wie eine einmal abgeschossene Kanonenkugel unaufhaltsam und unbeeinflussbar ihr Ziel zerstören.

Bei einem Fehler muss aber nicht immer die Tat das Übel für die negativen, unerwarteten Auswirkungen sein. Oft gehen wir Menschen von falschen Überlegungen aus oder wenden falsche Methoden der Planung an, um unser Ziel zu erreichen. Vielleicht wurde aber ganz einfach auch die richtige Maßnahme falsch oder zum falschen Zeitpunkt, mit den falschen Menschen, Werkzeugen durchgeführt.

Einen Fehler zu machen ist oft gar nicht so einfach. Schon gar nicht, diesen dann auch zu akzeptieren, zuzugeben und ... daraus zu lernen. Denn wir müssen ja nicht unbedingt aus Fehlern lernen. Wer sagt das, wer zwingt uns dazu? Wir können ja die Schuld an einem Misslingen jemandem anderen zuschieben oder den »Umständen«, Schicksal, Pech ... dem Wetter oder dem lieben Gott. Die Phantasie für Schuldzuweisung ist unermesslich groß!

Nur: Damit machen wir schon wieder den nächsten Fehler. Nämlich, nichts zu lernen. Wir haben dann unseren Fehler eigentlich »umsonst« gemacht. Und werden ihn, im Gesetz der Serie, dieses »was nicht ganz weg ist, kommt immer wieder«, immer und immer wieder machen müssen. Solange, bis wir endlich gelernt haben. Wir werden immer und immer wieder mit den gleichen Menschen zusammenkommen, die gleichen Partner anziehen, den gleichen Freundeskreis haben, bis wir lernen, damit umzugehen. Und das beginnt bei uns selbst, mit der bereits erwähnten Eigenliebe.

Ein Raucher wird in erster Linie mit Rauchern zusammen sein ... und ein Alkoholiker mit »Gleichgesinnten«. Dicke Menschen werden sich in Gesellschaft von Schlanken nicht besonders wohlfühlen, ein Hilfsarbeiter nicht in Gesellschaft von Akademikern ...

Sehen wir uns einmal in unserem Bekannten- und Freundeskreis um. Wir werden uns in vielen unserer uns umgebenden Mitmenschen selbst finden. In Anlehnung an ein Zitat von Konfuzius: »Wer einen Fehler gemacht hat und ihn nicht zu korrigieren versucht, der macht einen zweiten.«

Oder, wie es der indische Avantar Yogananda Paramahansa ausdrückt: »Euer Vater liebt euch bedingungslos. Ganz gleich, wie viele Fehler ihr gemacht habt. Denn diese macht ihr ja nur vorübergehend!«

Die Zeit – nur eine Gedankenform?

Zeit gibt es eigentlich gar nicht! Zeit ist eine von uns Menschen erfundene Einteilung, wie bereits Aristoteles erkannte. Denn nur im Vergleich von zwei sich bewegenden Objekten kann eines schneller und das andere langsamer sein!

Das stellten auch Newton und Einstein fest. Letzterer hat errechnet – und wissenschaftliche Versuche haben bestätigt –, dass Zeit nicht etwas Absolutes, dass Zeit stets etwas Subjektives ist. Eine erlebnisreiche Stunde vergeht für uns schnell, eine langweilige (lange Weile) vergeht für uns langsam.

»So viel Zeit ist schon vergangen«, sagen wir mit einem Blick auf die Uhr. Denn ohne sie wüssten wir es ja nicht einmal.

»Stört es dich nicht ...«, fragt ein Lehrer den anderen, »dass deine Schüler dauernd auf die Uhr schauen?« »Nein«, erwidert der andere, »mich würde nur stören, wenn sie die Uhr ans Ohr hielten, um zu prüfen, ob sie noch geht!«

Wir wissen nicht, wie viel Zeit (Stunden, Tage, Wochen, Monate, Jahre ...) uns in unserem Leben gegeben ist, was die Zukunft für uns bringt. Und so versuchen wir, in die vermeintliche, meistens zu kurze Dauer des Lebens durch Schnelllebigkeit so viel wie möglich »hineinzustopfen«. Vieles zur gleichen Zeit zu machen. Essen im Stehen, Laufen, Hasten, beim Fernsehen. Telefonieren beim »unproduktiven« Autofahren. Und das alles noch im Irrglauben, Zeit sei Geld.

Das große Problem, das wir mit »Zeit« haben, besteht darin, dass wir, im Gegensatz zu Geld und materiellen Gütern, Zeit gemäß unserer »Sammler-Natur« nicht anhäufen können. Nicht sammeln und aufheben »für später«. Wir können keinen Handel treiben damit oder mehr Zeit haben als andere Menschen, wie beim Geld zum Beispiel.

24 Stunden sind für jeden Menschen 24 Stunden!

Und so verwundert es nicht, dass das unaufhaltsame Streben nach Geld den einen die Zeit zum Leben nimmt, während andere wiederum beklagen, dass ihnen die teuer erkaufte Frei-Zeit das hart verdiente Geld nimmt. Geld, das sie dafür ausgeben müssen, in wenig Zeit so viele Erlebnisse wie nur möglich zu »konsumieren«.

Der Hund beißt sich in den Schwanz – oder noch besser: Das »Hamsterrad unseres Lebens« dreht sich unaufhörlich. Mit einem großen Unterschied zu einem wirklichen Hamsterrad. Ein Hamster ist nämlich – im Gegensatz zu uns Menschen – klug genug, um aus dem Rad »auszusteigen«, wenn es ihm zu schnell wird oder es ihm keinen Spaß mehr macht.

Und wir? Wir rennen weiter ... immer schneller und schneller und reden uns dabei noch ein, erfolgreich und glücklich zu sein.

Wir kaufen uns noch schnellere Autos. Im vermeintlichen (Irr)-Glauben, damit Zeit zu sparen. Und in Wahrheit sparen wir damit überhaupt keine Zeit. Wir legen mit unserem Statussymbol nur größere Distanzen zurück. War es früher maximal ein Urlaub an einem

Kärntner Badesee, rasen wir jetzt bis nach Sizilien auf Italiens Autobahnen, sitzen 20 Stunden in ein Flugzeug gepfercht, um eine entlegene Südseeinsel zu »genießen« und glauben, dort das zu finden, was wir zuhause nicht haben: Ruhe und Entspannung. Zeit. Frei-Zeit! Aber bekanntlich findet man auch auf der noch so entlegenen Insel nur das, was man dorthin mitgebracht hat: sich selbst!

Der bewusste Umgang mit der Zeit ist gleichermaßen schwierig wie der bewusste Umgang mit dem »Nichts-Tun«, besteht doch ein enger Zusammenhang zwischen beiden.

Ein glücklicher, zufriedener und in sich ruhender Mensch lebt ganz bewusst im »Jetzt« und genießt den Augenblick seines Daseins. Für ihn ist die Zeit kein Faktor, für den es sich lohnt, Gedanken zu verschwenden. Seine »Lebenskunst« ist die Kunst des Lassens, des Zu-Lassens, Los-Lassens, Weg-Lassens. Er hält nichts fest und klammert sich auch nicht an die Zeit, damit sie nur ja nicht für ihn (so schnell) verstreicht ...

Und er sieht auch nicht jeden Augenblick auf die Uhr, die für ihn somit auch keine Stunde »schlägt« ...

Was du heute kannst besorgen ...

Viele Menschen glauben, dass sie mit dem »Aufschieben«, dem Verschieben auf morgen, sich die Zeit für wichtige Dinge verschaffen ... um dann letzten Endes festzustellen, dass:

1. das vermeintlich »Wichtige« gar nicht so wichtig war,

2. man durch das »Aufschieben« erst recht in Zeitnot kommt, denn das »Aufgeschobene« will ja doch »irgendwann« erledigt werden. Und das wissen wir – und alleine der Gedanke daran erzeugt schon wieder Zeitnot und Stress in uns.

Die Lösung:

1. Eines nach dem anderen – nie gleichzeitig – tun ...

2. Vor allem: Wählen Sie nur Dinge, die Sie für wichtig halten.

Maximal drei Dinge pro Tag – am Anfang reicht schon eines!

Und vergessen Sie das Vergnügen, die Frei-Zeit, die Ruhepause, die Entspannung dabei nicht.

3. Wählen sie Dinge, die Sie heute *nicht* machen wollen. Das, was warten kann. Nicht nur auf morgen, vielleicht für immer!

Überlegen Sie sich bei allen (max.) drei Punkten, was geschieht, wenn sie diese *nicht tun*. Oder wenn sie jemand anderer tut, der dies eigentlich schon immer hätte tun sollen, nur Sie haben es einfach aus »Routine«, alter Gewohnheit oder welchen Gründen auch immer übernommen.

Vielleicht werden Sie feststellen, dass *gar nichts* geschieht, wenn Sie etwas nicht tun, von dem Sie glauben, es sei so wichtig für Sie. Entrümpeln Sie Ihre Gewohnheiten, werfen Sie Unbrauchbares ganz einfach weg!

Zeit für wirklich Wichtiges auf Kosten von Unwichtigem – das sollte die Devise sein. Und vor allem: Zeit nicht anfüllen mit einer Vielzahl an »Tun«. Zeit soll nicht *ge*füllt, Zeit soll *er*füllt werden – und dazu benötigen wir auch die Pausen, das bewusste Nichts-Tun.

Nicht verzetteln und verplanen

Ich habe absichtlich die Formulierung »wählen Sie ...« bei der Auswahl der Dinge, die Sie tun oder nicht tun wollen, gewählt – und nicht, wie üblich, »schreiben Sie sich einen Zettel, machen Sie sich eine Liste ...«

Denn Zettel oder Listen schreiben, das ist auch etwas, das wir nicht tun sollen. Um zu vermeiden, dass wir uns »verzetteln« ... zwischen verschiedenen Dinge hin und her gerissen werden, um schlussendlich keine richtig zu erledigen!

»Sich verzetteln« hat, eigentlich entgegen der weitverbreiteten Meinung, nichts mit »Zetteln«, den kleinen, losen Papierstückchen, zu tun. Als »Zettel« bezeichnet man in der Weberei den Längsfaden von gewebten Stoffen und damit die Gesamtheit der Kettenfäden.

In unserem Sprachgebrauch verstehen wir unter »sich verzetteln«, wenn man sich zum Beispiel nicht auf eine Aufgabe konzentriert, sondern unkoordiniert einmal dies und einmal das tut. Alle paar Minuten etwas anderes. Die Arbeit wird zwar größtenteils erledigt, aber am Ende des Tages hat man, vom ewigen Wechsel der Tätigkeiten ermüdet, das Gefühl der Ineffizienz und die Überzeugung, man hätte schon einige Stunden früher fertig sein können, hätte man sich auf eine Aufgabe konzentriert, diese konsequent erledigt und erst danach die zweite in Angriff genommen.

Eine andere, ebenfalls sehr verbreitete Art des »sich Verzetteln« sind eben die eingangs erwähnten »Zettelchen«, auf die man notiert, was so an einem Tag, einer Woche, alles zu erledigen ist. Als »to do«-Planung sozusagen. In allen erdenklichen Farben, Größen und Ausführungen gibt es sie und an allen nur erdenklichen Orten werden sie deponiert oder als »pads« aufgeklebt ... um uns stets vor Augen zu halten, was wir alles noch tun müssen, wenn wir die Zeit – oder den entsprechenden Zettel – dazu finden!

So sinnvoll ein »Einkaufszettel« als Gedächtnisstütze sein kann, so sinnlos wäre es, wenn wir – was wir beim planmäßigen »sich Verzetteln« mit jeder auf einen Zettel geschriebenen vorgenommenen Tätigkeit aber tun – jeden einzelnen Artikel, den wir kaufen wollen, auf einen eigenen Zettel schreiben ...

Die Zettel-Methode haben wir Menschen uns in erster Linie als vermeintliche Errungenschaft des modernen Managements angeeignet, weil wir unseren Gedächtnis-Computer, seine »Festplatte«, mit größtenteils vollkommen unnötigen Dingen, Daten, Erinnerungen, belegt haben. Und weil wir vergessen – oder noch nicht gelernt – haben, wo die »delete«-, die Lösch-Taste zu finden ist.

Ich, zum Beispiel, habe keinerlei Erinnerung mehr, welche Farbe der Hosenanzug meiner Mitarbeiterin auf der letzten Veranstaltung hatte ... meine Frau schon! Inklusive Schuhe und Bluse. Und dabei habe ich keine Gedächtnis-Lücke – ich habe diese Informationen ganz einfach nicht gespeichert, weil ich dies als »nicht wichtig« auch nicht wollte und meinem Gedächtnis andere Prioritäten gesetzt habe.

Nun haben wir durch die unvorstellbare Menge an gespeicherter Information nicht nur ein »langsames Gedächtnis«, sondern auch die – vom Computer her bekannten – »memory failures« … sagen wir in unserem Fall zutreffenderweise: Erinnerungslücken! Und in unserer vermeintlichen Not schreiben wir auf, was wir nicht vergessen sollen … und das geht in Extremfällen sogar so weit, dass sich Menschen auf einen Zettel schreiben: »Nicht vergessen! Zettel schreiben!«

Als Resultat einer »Zettelwirtschaft« schaffen wir, und das tagtäglich, Unzufriedenheit, Stress und Unausgeglichenheit. Denn es bleibt ja noch so viel zu tun! Die vielen Zettel, die auf dem Schreibtisch liegen oder auf der Kühlschranktür kleben, signalisieren es ja … und so versuchen wir, Dinge gleichzeitig zu machen, um schneller zu sein, wie wir glauben, um wieder einen Zettel als erledigt wegwerfen zu können.

»Sich nicht verzetteln« und nicht den ganzen Tag oder die ganze Woche in Zetteleinheiten zu verplanen hilft, die Tätigkeiten, die wir im jeweiligen Augenblick erledigen, konzentriert und effizient zu Ende zu bringen. Ohne dass unsere Gedanken bereits bei der nächsten auf uns wartenden Arbeit sind … oder gar bei der übernächsten oder über-übernächsten.

Planen bedeutet immer, sich aus dem Jetzt, dem erlebten Augenblick zu entfernen und in die Zukunft zu schweifen. »Verplanen« heißt somit, eine Zeit, die noch gar nicht begonnen hat und noch vor uns liegt, bereits mit Tun, mit Tätigkeiten auszufüllen. Mit unseren planerischen Gedanken wandert auch unsere Energie in die Zukunft und fehlt uns für die effiziente und erfolgreiche Erledigung unserer begonnenen Aufgabe in der Gegenwart. Und das wiederum erzeugt Unzufriedenheit, Selbstkritik und Zweifel an der Realisierung unseres Strebens nach Erfolg durch die von uns geplante Arbeit.

In Brechts »Dreigroschenoper« singt der Bettlerkönig Peachum »Das Lied der Unzulänglichkeit des menschlichen Strebens«:

»Ja, mach nur einen Plan,
Sei nur ein großes Licht!

Und mach dann noch 'nen zweiten Plan
Geh'n tun beide nicht!«

Planen, ja, aber ohne sich zu verzetteln. Sich nach einer planerischen Pause mit frisch gewonnener Energie auf die nächste anstehende Arbeit konzentrieren und erst nach deren Erledigung, je nach Priorität, die nächste in Angriff nehmen.

Die bereits erwähnte Liste von maximal fünf von uns bestimmten wichtigen Dingen hilft dabei ebenso wie eine kurze Liste mit Dingen, die ich *nicht* machen möchte.

»Verzetteln« und »verplanen« hat aber auch sehr viel mit dem Grundsatz von »weniger ist mehr« zu tun. Wir »verzetteln uns«, indem wir so viel wie nur möglich Tätigkeiten in die uns zur Verfügung stehende Zeit pressen wollen. Firmen verzetteln sich mit einer Vielfalt an allen nur erdenklichen Produkten, bei denen manchmal schon die Anschaffung und Lagerhaltung mehr kostet als der Verkauf erbringt. Die Medien verzetteln sich mit immer mehr und mehr Information für ihre »Konsumenten« – einer Informationsflut, die nicht zu bewältigen ist, so dass schlussendlich »der Wald vor lauter Bäumen nicht mehr zu sehen ist«.

Ähnlich verhält es sich mit dem »Verplanen«. Wir haben uns grundsätzlich angewöhnt, unsere Zeit zu verplanen, anstatt uns auf das Gefühl zu konzentrieren, das wir gerne mit unserer Frei-Zeit, unserem Urlaub erleben, genießen möchten. Entspannung, Erholung, Auftanken ...

Aber in der Regel wird die kostbare Urlaubs-Zeit – »verplant«. Jede Stunde, jeder Tag soll ausgefüllt sein mit Tätigkeiten, mit Erlebnissen und im Streben, im Berufsalltag Versäumtes in kürzester Zeit nachzuholen und wenn geht, zu übertreffen.

Zeit-Fresser und -Diebe eliminieren

»Alles braucht seine Zeit«. – Eigentlich sollte es heißen: »Alles ver-braucht seine Zeit«. Und zwar unterschiedlich viel. Da gibt es

Dinge, die verbrauchen unendlich viel Zeit, mit einem minimalen »R.O.I.« (Return Of Investment) – mit anderen Worten, wir verschwenden unnötige Zeit für weniger wichtige oder gar unwichtige Dinge.

Es gibt aber auch Menschen, die Ihnen Ihre Zeit stehlen bzw. Sie selbst lassen zu, dass man Ihnen Ihre Zeit stiehlt. Seien Sie konsequent – zu diesen Menschen und auch zu sich selbst. Oft genug geschieht es unbeabsichtigt. Und dort, wo Sie Absicht erkennen können: machen Sie dies Ihren Mitmenschen unmissverständlich klar ... oder trennen Sie sich von diesen Menschen. Sie wollen nämlich mit der von Ihnen gestohlenen Zeit auch Ihre Energie!

Nehmen Sie sich Zeit, von der Sie bestimmt genug haben, wenn Sie wollen, und analysieren Sie Ihren Alltag. Wählen Sie die fünf größten »Zeitfresser« in Ihrem Leben heraus.

Ich gebe Ihnen dazu einige Anhaltspunkte:

Unordnung: Gemeint ist damit nicht, dass Sie ein Ordnungsfanatiker sein müssen. Gemeint ist, dass Sie wissen sollten, wo Sie etwas finden, wenn Sie es suchen und benötigen. Im Büro nennt man das »Ablagesystem«. Wie sieht es bei Ihnen zuhause aus? Sie benötigen schnell das Englisch-Wörterbuch und Ihren Reisepass ... wo sind sie bloß?

Mit etwas System kein Problem ... und viel »Zeit gespart«, und damit Ärger und negative Energie vermieden.

Telefonieren: Im Zeitalter des Handys glauben wir, immer und überall erreichbar sein zu müssen. Warum? Hat es kein Zeitalter vor dem Handy gegeben? Oder ist es nicht so, dass wir daraus fast eine Beschäftigung, einen »Sport« machen? Oft einen sehr teuren, nicht nur in Bezug auf Geld, auch auf Zeit. Bedenken Sie, wie oft Sie schon ungewollt warten mussten, nur weil Ihr Partner, Kollege, Kunde etc. ein »ganz wichtiges« Telefonat erhalten hat.

»Telefonitis« nennt man scherzhaft die weitverbreitete Telefoniersucht. Machen Sie sich die (leichte) Mühe und nehmen Sie sich ihre monatlichen Telefonrechnungen und zählen sie die darin angegebenen Minuten zusammen – für ein ganzes Jahr zum Beispiel. Und da werden Sie vielleicht feststellen, dass Sie 10.000 Minuten telefoniert haben. Das sind mehr als 166 Stunden, fast 21 Arbeitstage mit 8 Stunden ... und fast ein ganzer Arbeitsmonat. Und eine beachtliche Summe an Geld! Diese Zeit ist (kostet) tatsächlich Geld!

Zuviel auf einmal – nichts beenden: Es gibt Menschen, die können einfach nicht *nein* sagen. Sie wundern sich aber, dass sie immer mehr und mehr mit Arbeit, Aufgaben, Verantwortungen »eingedeckt« werden (sich eindecken lassen ...). Und dann eigentlich »zu nichts« kommen, nichts beenden können und gezwungen werden, glauben sie, Arbeiten aufzuschieben. Auf »später«. Aber später wartet schon wieder eine neue Aufgabe ...

Viele unserer Mitmenschen sind überaus geschickt im Selektieren von »Opfern«, denen sie Arbeiten und Aufgaben »andrehen« können. Erkennen Sie diese ... und lernen Sie »nein« zu sagen! Denn Sie helfen diesen Menschen ja nicht – in Wirklichkeit tun Sie etwas, das von den anderen gemacht werden müsste, bloß fehlt diesen die Lust dazu.

Nichts delegieren – alles selber machen wollen: Bei einem Kind in den ersten Lebensjahren – wie bei meinem Sohn – ist es nur zu natürlich, dass er bei allem und jedem sagt: »Viky macht das!« Denn erstens will das Kind die Tätigkeit, mir zum Beispiel zwei Löffel Kaffee in die Tasse geben, selbst lernen. Zweitens will er beweisen, dass er dies bereits kann, und drittens muss er ja auch seine Wichtigkeit betonen. Ohne Viky geht es ja nicht!

Bei uns Erwachsenen fällt bei vielen unserer meist unnötigen Arbeiten das Lernen weg. Der Beweis, dass wir etwas können, hat mit mangelndem Selbstvertrauen, Selbstbewusstsein, zu tun. Die Betonung der eigenen Wichtigkeit ist vielfach ein Selbstbestätigungsdrang, der meistens damit endet, dass wir Sachen, die eigentlich nicht unsere Aufgabe sind, für andere erledigen. Selbst können wir aber nicht delegieren. Arbeits(auf)teilung wird von uns nicht praktiziert ... und unsere Zeit reicht nicht aus, alles zu erledigen, was wir uns selbst aufgelastet haben.

Vier Beispiele nur, Gedanken-Anstöße. Es ist es sicherlich wert, dass Sie Ihre eigene »Recherche« anstellen. Was reduziert, benötigt

Ihre Zeit am meisten? Und in Bezug auf das »alles selber machen wollen« denken Sie an den Spruch des legendären britischen Staatsmannes Winston Churchill: »Ein weiser Mensch macht nicht alle Fehler selbst. Er gibt seinen Mitmenschen auch eine Chance.«

Zeit ist nicht Geld – es ist weit mehr!

Ein weiterer hilfreicher Schritt für den bewussten Umgang mit der Zeit ist »so tun als ob«. Als ob es Geld wäre. Mit unserem Geld gehen wir sorgfältig um (die meisten von uns zumindest). Da werden die Konten genau auf Ausgaben und Einnahmen überprüft, Offerte eingeholt und verglichen – was kostet was und was bringt es uns. Budgets werden erstellt – es wird auch gespart.

Geld können wir immer wieder neu verdienen, vermehren. Die Zeit, die uns im Leben zur Verfügung steht, die können wir nicht »dehnen« – verlängern. Wir können sie auch nicht »aufsparen« für später ...

Machen wir uns unser persönliches Zeitbudget:

1. Stellen wir fest, was für uns »wichtig« bedeutet. Sind für uns unangenehme Aufgaben wichtig, um gleich erledigt zu werden, oder sind wir Menschen, die lieber das Einfache schnell erledigen? Oder einfach so, wie die Dinge »anfallen«?

2. Nun sollten wir feststellen, ob die für uns wichtigen Dinge auch »dringend« sind. Gibt es einen Termin, eine Frist, die eingehalten werden muss?

3. Was kann ich in den Papierkorb werfen, »entsorgen«, »entrümpeln« oder bedenkenlos zur Seite legen? Für den Zeitpunkt, zu dem ich vielleicht Lust und Laune dazu habe. Sehen Sie sich diese »Ablage« von Zeit zu Zeit an – Sie werden sich wundern, wie viel davon sich entweder bereits »von selbst erledigt hat«, sprich, durch die Veränderung von Situationen unnötig geworden ist, von anderen ohne Ihr Wissen »mit-erledigt« wurde – oder einfach noch weiter liegen und unerledigt bleiben kann.

4. Was werde ich nun mit der gewonnenen Zeit tun? Was würde ich gerne tun, wenn ich die Zeit dazu hätte, ich sie mir »nähme«?

Eile mit Weile

»Eins, zwei, drei, im Sauseschritt. Läuft die Zeit. Wir laufen mit!« (Wilhelm Busch)

Es gibt in Österreich den »Verein zur Verzögerung der Zeit«. Der Name ist etwas irreführend, denn laut Prof. Guido Heintel, Philosoph und Mitbegründer, ist es nicht so sehr die »Verzögerung«, mehr das Bewusster-Machen der Zeit und ihre »Entschleunigung«. Ich selbst war jahrelang Mitglied und – Sie können sich vorstellen – habe wertvolle Zeit-Impulse, auch für dieses Buch, erhalten. Langsamkeit, die schwierige Vorstufe zum bewussten »Nichts-Tun«, der Pause, der Entspannung, der Ruhe. In und um uns.

Wie schwer Langsamkeit zu praktizieren ist, kann an einem einfachen Beispiel demonstriert werden: Wie Sie vielleicht wissen, liegt der Sprint-Weltrekord über 100 Meter derzeit bei 9,77 Sekunden. Aufgestellt bei den Olympischen Spielen in Athen 2004 von Asafa Powell aus Jamaika.

Versuchen Sie, die 100 Meter in einer Stunde zurückzulegen.

Wenn Sie es schaffen und nicht vorzeitig aus dem »Rennen« scheiden, werden Sie unvorstellbare gedankliche Erlebnisse haben. In einer Stunde, auf Ihrem Weg 100 Meter zurückzulegen, wird in Ihnen und um Sie herum so viel geschehen, werden alle Ihre Sinne Ihnen so viel vermelden, wie Sie es für unmöglich gehalten haben. Was Sie in der Hektik und Hetze des Alltag stets »über-hört« und »über-sehen«, nie bewusst wahr-genommen haben.

Und für den Fall, dass Sie glauben, dieser Test sei leicht, ein »Kinderspiel«, wie wir sagen ... seien Sie gewarnt und bedenken Sie, »es ist nicht alles so, wie es scheint«!

Die Kunst des richtigen Aufhörens

Time-out? Aus-Zeit? Aufhören? Auf wen hören? Wann?
Der richtige Augenblick ist nie – er war immer nur.

Wir kennen den Ausdruck »Time-out« in erster Linie vom Sport, vom Eishockey, oder vom Basketball. »Time-out« kommt in vielen Sportarten vor.

Aber nicht nur im Sport wurde die »Aus-Zeit«, das »Time-out«, zu einem bekannten Begriff. Das Handzeichen, ein mit beiden Händen geformtes »T«, findet auch im Geschäftsleben seine Anwendung. Zum Beispiel, wenn Diskussionen zu erhitzt, zu emotional, geführt werden und auszuarten drohen – dann soll die »Aus-Zeit« zur Beruhigung, die damit erreichte Pause, das angeforderte »Nichts-Tun«, zu Besinnung, zur Sammlung von neuen Energien, zum Überdenken der Situation und des weiteren Vorgehens dienen.

Mehr als die Hälfte aller Arbeitnehmer träumt davon, zumindest einmal im Leben eine berufliche Auszeit zu nehmen.

Aber Auszeit hat viele Formen, nicht nur im Sport und im Berufsleben ... als Folge des bekannten Burn-out-Syndroms, dem nicht nur überforderte Manager erliegen können und unter dem jede Hausfrau, die ja auch »nur« ihren Haushalt, ihre Familie »managt«, jeder Schüler oder Student, leiden kann. »Ausgebrannt« sein: Das sagt es ja schon. »Keine Energie mehr haben« als Folge von zu viel oder zu falsch (oder beidem) verwendeter Lebensenergie.

»Auftanken« ist angesagt, wie bei einem Auto. Und auch die Batterie wieder aufladen. Die Lebensbatterie!

Die Gründe für das Verlangen nach »Aus-Zeit« sind ebenso mannigfaltig wie die Auszeiten selbst. Und wie diese organisiert und auch finanziert werden.

Da kann man, wie zum Beispiel der österreichische Unternehmersohn Christian Niedermeyer, das Unternehmen, das sein Vater aufgebaut hat, verkaufen und in »Auszeit« gehen. Oder wie der berühmte österreichische Skispringer Hubert Neuper, Weltcupgesamtsieger 1980, Sieger der Vier-Schanzen-Tournee und Olympiamedaillen-Gewinner in Lake Placid, der ein halbes Jahr nach Amerika »verschwand«, um dort sein verlorenes »Gleichgewicht« zu suchen und zu finden. Konnte es sich Christian Niedermeyer fünf Jahre lang leisten, zwischen Marbella, Kitzbühel und Wien als reicher Privatier Querflöte, Klavier und Spanisch zu erlernen und Geschichte zu studieren, so erfüllte sich das Ehepaar Gerhard und Sabine Schmidt aus Dresden ihren Auszeit-Traum, wie sie sagten, »ohne Millionär oder verrückt zu sein«, als Großeltern, in dem sie alles, was sie sich geschaffen hatten, aufgaben, los-ließen ... und in drei Jahren 40.000 Seemeilen zurücklegten und die Welt umsegelten.

Drei vollkommen verschiedene Aus-Zeiten ... nur als Beispiel, denn eine Auszeit in unserem Leben kann auch sein, ein oder zwei Tage »Urlaub« von den Kindern zu machen, sie den Großeltern in deren Obhut zu übergeben und die Aus-Zeit so richtig zu genießen.

Aber auch nur eine Stunde kann eine gewinn-, weil energiebringende Aus-Zeit sein. Nicht die Quantität, die Vielzahl der Stunden, Tage oder Monate macht es aus, sondern das *Wie*, das *Was* – was man daraus macht. Denn selbst nach einer halbjährigen Auszeit in Florida kann man noch gestresster, unzufriedener, »ausgebrannter« wieder zurückkommen ...

Ich weiß nicht, was das Ehepaar Schmidt jetzt wieder macht. Christian Niedermeyer ist wieder, wenn auch reduziert, zurück im Berufsleben und Teilhaber bei einer Werbeagentur in Wien. Und Hubert Neuper, der einst neben Spitzensportler auch erfolgreicher Initiator des »World Sports Awards« war, Publikumsbeirat beim Österreichischen Rundfunk, Chef der Sporthilfe, Privatpilot (von Ex-Formel-1-Pilot Gerhard Berger) und Organisator der Skiflug-Weltmeisterschaft 1996, sagt heute: »Was die Zukunft bringen wird, das lasse ich offen,« und, leicht verständlich für Computer-Freunde: »Heute fahre ich einmal die Festplatte herunter.« Und das, wie bei jedem Computer, für einen erfolgreichen »Neustart«, wie anzunehmen ist.

Das ist genau das, was wir auch mit einer Auszeit, mit bewusstem »Nichts-Tun«, erreichen und gewinnen sollten: neue Energie für neues Handeln!

Folgende Ratschläge sollten wir dabei unbedingt berücksichtigen:

1. Ihr Wollen soll Ihre Auszeit bestimmen, nicht Ihr Müssen. Pla-

nen Sie Ihre Auszeit wenn möglich noch, bevor Sie »zusammenbrechen«, »ausgebrannt« sind.

2. Den »richtigen Augenblick« dafür bestimmen Sie alleine – nicht die anderen. Es ist *Ihre* Auszeit! Öffnen Sie Ihr »Seelenhaus« – Sie werden den »richtigen Augenblick« erkennen, erahnen oder erfühlen.

3. Aber klären sie die wichtigsten Punkte Ihres Vorhabens mit Ihrer Familie, Ihrem Partner, Ihrer Firma, ab (Erreichbarkeit, Zahlungen, Krankheiten).

4. Machen Sie sich Gedanken, wie Ihre Auszeit aussehen soll.

Auslandsreise? Indischer Ashram? Beginn eines neuen »Anfangs« in neuer Umgebung?

5. Bestimmen Sie die Länge, die Ihre »Auszeit« von minimal bis maximal dauern soll.

6. Klären Sie finanzielle Voraussetzungen und Möglichkeiten sowie alle Formalitäten wie Versicherungen, Zahlungen etc.

7. Planen oder nehmen Sie keine Auszeit, um vor unerledigten Aufgaben, Verantwortungen oder Problemen davonzulaufen. Sie werden alle mit Ihnen mitlaufen!

... und danach?

Bewusstes, kreatives »Nichts-Tun« erfüllt nur dann seinen lebensbereichernden Sinn, wenn es gefolgt wird von sinnvollem, überlegtem Tun! Oder können Sie sich vorstellen, den Rest Ihres Lebens auf Weltumsegelung zu gehen, auf dem Golfplatz zu verbringen oder unentwegt Berge zu besteigen ... und sonst nichts?

Darum ist es auch entscheidend, dass wir, bevor wir eine Auszeit planen, uns sehr wohl überlegen, was wir damit beabsichtigen. Wie soll unser »Nichts-Tun«, das »Nicht-Tun« dessen, was wir bisher »zur Genüge« getan haben, aussehen? Und was soll auf unser bewusstes »Nichts-Tun« folgen?

Hubert Neuper schreibt in seinem Buch »Flatline«: »Ehrlich,

ich weiß noch nicht, was ich in Zukunft mache. Man soll seinen Garten nicht dreimal am Tag umstechen, dann wächst nichts. Das soll heißen, ich werde mir viel Zeit nehmen, um über meine Zukunft nachzudenken. Am Besten im Mai bei einem Golfurlaub in Portugal.«

Wir können jetzt schon sicher sein, für Hubert Neuper wird es, so wie für uns alle, wieder einen Neustart geben. Wie immer er auch aussehen mag. Denn darin liegt der Sinn des bewussten »Nichts-Tuns«.

Zum richtigen Zeitpunkt aufzuhören mit dem gewohnten Tun ... um dann, nach einer Aus-Zeit, nach bewusstem »Nichts-Tun«, das Richtige zum richtigen Zeitpunkt zu tun.

Und das muss nicht nur einmal sein, in unserem Leben.

Wir bestimmen es.

Alles hat und braucht seine Zeit

Das Richtige zur rechten Zeit ... oder: »Man kann noch so oft in eine Olive zwicken, sie wird nicht früher reif«, sagte schon Sokrates.

Wenn auch für jeden von uns Tag und Nacht zusammen 24 Stunden ausmachen, so gibt es doch beachtliche Unterschiede in dem, was wir in und mit diesen 24 Stunden machen. Auch, ob wir ein Morgen- oder ein Abendmensch sind (»Chronobiologen« kennen da zwei Menschentypen: »Lerchen« = Morgenmensch, »Eule« = Abendmensch). Bei diesen beiden tickt »die innere Uhr« unterschiedlich. Beim Abendmenschen, der, wenn der Morgenmensch bereits an Schlaf denkt, erst so richtig in Fahrt kommt, bei dem geht die »innere Uhr« um ca. zwei Stunden nach ...

Und um herauszufinden, ob Sie nun ein Morgen- oder Abendmensch sind – wenn sie dies nicht ohnehin längst wissen –, dann müssen sie nur überprüfen, ob Sie z. B. ohne Wecker von alleine aufwachen; sich u. a. auch mit kaltem Wasser morgens waschen; schon in der Früh Appetit haben; wenn Sie in der Nacht, so zwischen 2 und 4 Uhr früh, einen Freund vom Flughafen abholen, nicht wach bleiben, sondern zwischendurch schlafen (wie ich) ... dann sind Sie mit Sicherheit ein Morgenmensch.

Aber ganz gleich, ob sie nun eine »Eule« oder »Lerche« sind – wir alle sind in unserem Leben mit drei verschiedenen Uhren konfrontiert:

1. mit der Drehung der Erde und somit dem Tag-Nacht- und dem Jahreszeiten-Rhythmus,

2. mit unserer inneren Uhr, die uns wach oder müde sein lässt, den Hormonhaushalt beeinflusst, viele Abläufe im Körper steuert und vom täglichen Licht-Dunkel-Wechsel abhängig ist,

3. mit der Uhr auf unserem Handgelenk, die wir als drittes Zeitsystem erfunden haben und die ein Südseehäuptling aus Samoa »die kleine, platte, runde Maschine« nannte.

Alles braucht seine Zeit und für alles gibt es eine Zeit. Die Natur hat da, ob wir wollen oder nicht, für uns vorgesorgt. Und so gibt es auch eine Zeit zum Tun und eine Zeit zum Ruh'n. Selbst wenn wir es wissenschaftlich »Produktionszyklen« nennen, wenn wir auf unseren Körper achten, dann gibt er uns klare Zeichen, wie unsere »innere Uhr« tickt und was zu tun und was nicht zu tun ist. Und er gibt uns auch klare Zeichen, wenn wir dem zuwiderhandeln, wenn wir glauben, dass man ein Gulasch und ein Bier in drei Minuten – aus »Zeitmangel« – hinunterwürgen muss, um zum nächsten Termin zu rasen. Dann werden wir von unserem Körper lernen, dass selbst ein Gulasch und ein Bier Anspruch auf die ihnen angemessene Zeit haben ... und nachdem uns speiübel geworden ist und unser Magen und die Verdauung rebelliert haben, werden wir das, was wir nicht freiwillig gelernt haben, mit Schmerzen lernen. Und vielleicht »noch mehr Zeit verlieren«. Entweder auf der Toilette oder beim Arzt.

Und aus »Fast food« wird das berühmte »Last food« werden.

So, oder zumindest so ähnlich, ergeht es uns bei allem, was wir mit einem gehetzten Blick auf die von uns erfundene Uhr und gegen den Einklang mit unserer inneren tun. Wenn wir auf Ruhepausen oder

Schlaf verzichten ebenso, wie wenn wir glauben, dass Zeitverschiebungen, Jetlags mit einigen Gläsern Rotwein oder Whisky beseitigt werden können ... oder nicht glauben wollen, dass ein Mittagsschläfchen von 20 Minuten (Powernapping, wie es so schön heißt) nicht nur erfrischt und voll neuem Tatendrang macht, dass es nachweislich das Leben verlängert.

Übermüdung ist nicht nur ein Problem von Piloten, Chirurgen, Managern oder Schülern. Mehr als ein Viertel aller Menschen leiden darunter und sogar Firmen haben erkannt, dass nach der höchsten Leistungsfähigkeit ihrer Mitarbeiter, so um 10 Uhr am Vormittag, um ca. 14 Uhr eine unproduktive »Tiefphase« kommt und die Beseitigung dieses »Mittagslochs« nicht nur für die Angestellten, sondern auch für das Unternehmen wirtschaftlich gesehen ein Gewinn ist.

Ein überaus positives Umdenken findet statt, erfreulicherweise. Denn: Mit der Jagd, Zeit zu gewinnen, verlieren wir Menschen die meiste Zeit! Und behaupten, keine Zeit zu haben.

»Menschen, die immer sagen, sie haben keine Zeit, die müssten eigentlich sehr viel haben«, meint Prof. Heintel vom Verein zur Verzögerung der Zeit. »Denn immerhin vorenthalten, verweigern diese Menschen ihre Zeit anderen.« Genau genommen ist das in den meisten Fällen nur eine simple Ausrede. Eine andere Formulierung für »ich stehe dir nicht zur Verfügung« oder »ich will gar nicht zur Verfügung stehen«, »ich habe Besseres, Wichtigeres zu tun«. Das getraut man sich nicht so leicht zu sagen. Und so muss die Zeit, die angeblich fehlt, oft als Ausrede herhalten. – Oder man will sich einfach als »wichtiger«, »beschäftigter« darstellen, als man tatsächlich ist.

Die »Produktionszyklen« des Menschen

Zum sinnvollen Umgang mit der Zeit gehört, wie bereits erwähnt, auch das Wissen, wann die beste Zeit für welche Tätigkeit (oder Un-Tätigkeit = bewusstes Nichts-Tun) ist.

So, wie wir Schritt für Schritt erst lernen müssen, uns auf die 20 % der Tätigkeit zu konzentrieren, die 80 % des Erfolges ausmachen (und nicht umgekehrt, wie wir es gewohnt sind und die Arbeit machen, so wie sie halt gerade anfällt), so müssen wir auch lernen, dass gewisse Tages-Zeiten für bestimmte Tätigkeiten besser und andere wiederum weniger gut geeignet sind.

Misserfolge, Fehler, Ärger im Berufs- wie auch im Privatleben haben in vielen Fällen nicht mit Unfähigkeit zu tun. Man macht zwar das Richtige ... aber zur falschen Zeit.

Untersuchungen haben ergeben, dass, nimmt man einen »normalen Tagesablauf« – Aufwachen 6 Uhr, 8 Stunden Arbeit, schlafen gehen zwischen 23 und 24 Uhr – als Basis, nachstehender biologischer Zeitraster, natürlich mit individuellen Abweichungen, gegeben ist.

Und je mehr man sich an diesen Raster hält, desto erfolgreicher wird man bei weniger Aufwand tatsächlich sein. Zeit als Stressfaktor Nummer 1 für fast alle Manager (und auch eine Hausfrau ist ein Manager) kann so ausgeschaltet werden.

6–8 Uhr:
Sexualhormone erreichen ihren maximalen Stand. Günstig für eine Liebesstunde und ein sensationeller Beginn eines neuen Tages!
8–9 Uhr:
Niederer Schmerzpegel. Zeit des Optimismus. Unangenehmes, Schmerzvolles wird leichter ertragen.
9–10 Uhr:
Kurzzeitgedächtnis optimal für Vorbereitung auf Meetings und Besprechungen, Studium von Daten, Statistiken etc.
10–12 Uhr:
Beste Zeit für Problemlösungen, Planung und Strategie. Verhandlungen, Konferenzen, Kundengespräche, Verkauf ...

12–15 Uhr:
Mittagstief. Mittagspause und wenn möglich »Powernapping« ... kurzer Mittagsschlaf, der nie länger als 30 Minuten dauern soll.

15–16 Uhr:
Hochstimmung mit größtmöglicher Initiative des Tages. Die Stunden für Innovation, Wagemut und neue Projekte. Beste Funktion des Langzeitgedächtnisses zum Merken von Daten, Reden und Vorträgen.
16–17 Uhr:
Streitphase. Zeit für Konflikte und Auseinandersetzungen, Kampfeslust ... auch in Bezug auf Gehaltserhöhungen, Preisabsprachen etc.
17–18 Uhr:
Beste Zeit für Freizeitsport. Wir sind bei unseren Aktivitäten am geschicktesten.
18–19 Uhr:
Geistige Wachsamkeit und unsere Aktivitäten lassen nach. Keine gute Zeit für Anstrengungen jeglicher Art.
19–21 Uhr:
Sinnes-Zeit. Beste Zeit zum Genießen – unsere fünf Sinne sind am leistungsfähigsten. Nicht gut für Sex!
21–23 Uhr:
Phantasie-Zeit für Einfälle und neue Ideen.
23–1 Uhr:
Kreativitäts-Zeit für die, die da noch wach sind. Zeit der Künstler und Erfinder.

NICHTS

Die Macht der Gewohnheit

»Lohnt sich das?«, fragt der Kopf. »Nein«, antwortet das Herz, »aber es tut gut!«

Achte auf deine Gedanken, denn sie werden Worte. Achte auf deine Worte, denn sie werden Handlungen. Achte auf deine Handlungen, denn sie werden Gewohnheiten. Achte auf deine Gewohnheiten, denn sie werden dein Charakter. Achte auf deinen Charakter, denn er wird dein Schicksal.
(Talmud)

Gewohnheiten bestimmen den Alltag. Als »hilfreiche Geister« oder als uns beherrschende »Ego-Monster«. Es liegt an uns. Gewohn-heit, etwas das in uns, unserem Inneren, »wohnt«. Einen wesentlichen Platz in unserem Leben einnimmt. Von hilfreicher »Routine« bis zu schlechten Angewohnheiten, Marotten, Neurosen und anderen Persönlichkeitsstörungen.

Die »Macht der Gewohnheit«, sie entsteht durch den Lernprozess unserer Erfahrungen. Sie werden zu einem Denkmuster, einem eingespeicherten Programm, damit wir nicht immer wieder alles neu erlernen müssen. Erlerntes in Form von Gewohnheit ist wesentlicher Bestandteil unseres Lebens, eine Hilfe, die wir jedoch von Zeit zu Zeit nicht in Anspruch nehmen sollten. Um zu vermeiden, dass aus gewohnheitsmäßigem Tun so sehr Gewohnheit wird, dass wir ohne sie gar nicht mehr leben können. Dass wir uns in weiterer Folge vor allem Neuen zu fürchten beginnen – und es schließlich vermeiden.

Immer wieder – aus Gewohnheit – ins gleiche Hotel im gleichen Urlaubsort, ins gleiche Restaurant, das gleiche Getränk, die gleichen Schuhe, Unterwäsche von der gleichen Firma. »Wir haben uns so daran gewöhnt«, ist unser Argument dafür. Und: »Es war immer ausgezeichnet, wir sind nie enttäuscht worden!«

Das geht so weit, dass, können wir unsere Gewohnheiten nicht ausleben und erleben, wir enttäuscht und unglücklich werden. Wie zum Beispiel meine Eltern, die, wenn sie auf Kur fahren, stets in den gleichen Liegestühlen im gleichen Ruheraum zu liegen pflegen ... und wehe, die sind einmal schon besetzt, wenn sie kommen. Der ganze Kurtag kann damit zerstört sein.

In den meisten Fällen von übertriebenen Gewohnheiten ist dafür die Angst vor dem Unbekannten schuld. Die Angst vor dem Unbekannten, dem Neuen, und der Zweifel an der eigenen Person, ob man damit auch »ordentlich« umgehen kann. Denn alles muss in unserem Leben seine Ordnung haben. Gewohnheiten helfen uns dabei. Das bringen wir schon unseren Kindern bei ... und wir leben selbst danach.

Hinzu kommt das durch Isaac Newton bekannte Trägheitsprinzip, das nicht nur in der Physik Anwendung findet: »Jeder Körper (natürlich auch der menschliche!) verharrt im Zustand der Ruhe oder gleichförmigen, geradlinigen Bewegung, falls er nicht durch einwirkende Kräfte gezwungen wird, diesen Zustand zu verändern!«

Die Masse – auch unsere eigene – ist träge. Wie träge, das erkennen wir, wenn wir versuchen oder dazu gezwungen werden, alte Gewohnheiten abzulegen. Vielleicht die Zigarette zum Kaffee, einen ganz bestimmten Sitzplatz in einem Sitzungszimmer (Tests haben ergeben, dass 80 % von regelmäßigen Sitzungsteilnehmern sich immer auf den gleichen Platz setzen), der gleiche Parkplatz fürs Auto, die Nudelsuppe, die zu jedem Essen serviert werden muss, etc. ...

Wie viel Energie kostet es doch, etwas nicht mehr zu tun, wo man es doch schon so gewohnt ist. Und wie leicht sind wir aus der Ruhe zu bringen, verärgert, wenn wir nicht bekommen, was wir zu bekommen gewohnt sind.

Aus dem ewigen Kreislauf der immer wiederkehrenden »alten Gewohnheiten« auszubrechen, das ist auch bewusstes Nicht-Handeln und wichtig für die Persönlichkeitsbildung und -förderung. Denn aus Gewohnheit kann sich nicht nur Ihr Charakter verformen und bei schlechten Gewohnheiten, zum Beispiel bei Übergenuss von Suchtmitteln, im wahrsten Sinne des Wortes auch Ihr Schicksal.

Im besten Fall stehlen Ihnen Ihre Gewohnheiten viel Zeit zum bewussten Leben, in dem Sie unbewusst Dinge tun, die Sie sich angelernt haben und in den meisten Fällen keinerlei Wertigkeit haben. Außer, dass Sie Ihnen das Gefühl vermitteln, alles sei in Ihrem Leben »in Ordnung« und »unter Kontrolle«.

Überprüfen Sie sich und Ihren Alltag mit all seinen Gewohnheiten. Durchforsten Sie Ihr tägliches Tun und tragen Sie diese in die folgende Liste ein und befragen Sie auch Ihre Familienmitglieder und Freunde, wie die Sie sehen.

Sie werden sich wundern – darüber, wie viel Zeit Sie für Dinge verwenden, ohne die Sie auch glücklich leben können.

Und Ihre kleinen Marotten? Stehen Sie zu ihnen und akzeptieren Sie sie! Lassen Sie sie los – in Gelassenheit. Sie sind ein Bestandteil

Ihres ganz persönlichen Ichs!

Was tue ich aus Gewohnheit?	Was passiert, wenn ich es nicht mehr tue?	Wie kann ich es ersetzen?

Unser Unterbewusstsein kennt keine Verneinung – und keine Zeit!

Im Abschnitt über Dualitäten habe ich – absichtlich – eine ganz wesentliche Dualität in unserer irdischen Existenz nicht erwähnt: jene unseres »Geistes«.

Man geht zwar davon aus, dass der menschliche Geist eine Einheit darstellt, doch unterscheiden wir einen »objektiven Geist« und einen »subjektiven Geist«. Und herkömmlich nennen wir diese beiden getrennten Bereiche: Bewusstsein und Unterbewusstsein!

Der Unterschied bzw. die unterschiedliche Arbeits- und Aufgabenleistung beider Bereiche unseres Geistes ist ganz einfach zu erklären. Nehmen wir ein Flugzeug als Beispiel. Der Pilot hat alleinige Entscheidungsgewalt an Bord seines Flugzeuges. Er bestimmt den Kurs, gibt Anweisungen, Befehle. Er stellt unser Bewusstsein dar.

Die Flugzeugbesatzung, der Kopilot zum Beispiel, die Flugbegleiter führen seine Befehle aus. Sie stehen für unser Unterbewusstsein. Und so sieht es auch mit unserem Körper aus, der mit der oben erwähnten Flugzeugbesatzung gleichzustellen ist und in Form des Unterbewusstseins alle Befehle ausführt, die vom Bewusstsein gegeben werden.

Mit einem wichtigen Unterschied: Wenn Sie vor dem Schlafengehen den Vorsatz fassen und sich einreden: »Morgen früh darf ich nicht verschlafen« ... dann wird sich Ihr Unterbewusstsein, das keine Verneinung kennt, Ihren Vorsatz und Befehl als »Morgen früh darf ich ... verschlafen« merken. Und Sie werden verschlafen. Denn Ihr Unterbewusstsein kennt keinen Zeitbegriff, kennt keine Uhr, nach der wir Menschen uns unser Leben eingerichtet haben.

So wird es Ihnen mit Ihrem dem Bewusstsein gehorchenden Unterbewusstsein auch ergehen, wenn Sie sich immer sagen: »Ich bin *nicht* krank.« Oder: »Mir geht es heute *nicht* schlecht.«

Vermeiden Sie, wo auch immer, eine Verneinung, die von Ihrem Unterbewusstsein nicht erkannt und somit auch nicht ausgeführt wird. Stattdessen wird es Ihre innere Aufmerksamkeit genau auf den nicht gewünschten Zustand lenken. Gemäß dem Gesetz der Anziehung (attraction) wird alle Energie stets dorthin fließen, wo Ihre Konzentration liegt. Da Ihr Unterbewusstsein nicht »logisch« denken kann, wird es Ihren gedanklichen »Befehl« – z. B. »nicht verschlafen« – auch ausführen ... allerdings ohne nicht/nichts ... und Ihnen zuflüstern, dass Sie ruhig verschlafen können, tatsächlich krank sind oder es Ihnen schlecht geht.

Aber, wie bei der »Dualität« schon festgestellt: Es gibt in unserem Leben nichts Negatives ohne Positives! Ohne »Gegenpol«!

Die Tatsache, dass unser Unterbewusstsein keine Verneinung kennt, können wir uns sehr wohl zunutze machen: Indem wir zum einen Verneinungen in unseren Vorsätzen und gedanklichen Befehlen grundsätzlich vermeiden und negative Suggestion aus unserem Leben verbannen und andererseits uns das vornehmen, was wir auch tatsächlich erreichen wollen – morgen früh rechtzeitig aufwachen, zum Beispiel; ein Problem lösen; sich sagen »Ich bin gesund«, »Es geht mir gut« etc.

Versuchen Sie es! Sie werden überrascht sein, wie einfach es funktioniert.

Körper oder Geist: Wer soll innehalten?

Nichts-Tun wird in unserer materialistischen Welt als Nicht-Aktivität vor allem des Körpers verstanden und da vor allem mit der Nutzung von körperlicher, menschlicher Energie für Arbeit in Verbindung gebracht.

Körper und Geist stellen eine Einheit dar. Zusammen formen sie das, was wir »Mensch« nennen. Das auf unserem Planeten am höchsten entwickelte Lebewesen.

Wenn wir von dem ausgehen, was wir über uns und die Welt, in der wir leben, wissen, zu wissen glauben, dann haben wir offensichtlich ein Problem, denn 80 % von dem, was wir gelehrt bekommen – in der Schule, von den Eltern –, stimmt nicht oder ist bestenfalls überholt. Unser Wissen über die Welt und über uns selbst ist stets nur ein augenblickliches Wissen. Eine Momentaufnahme sozusagen, die bereits mit der kleinsten Entdeckung, Erfindung, Erkenntnis, Begebenheit, überholt oder falsch sein kann. Ein Wissen, das uns vor allem durch unsere sechs bekannten Sinne (Gehör-, Seh-, Geruchs-, Geschmacks-, Tast- und Gleichgewichtssinn) vermittelt wird und nachweislich auch oft ebenso falsch ist wie das von uns in der Schule Erlernte.

Und selbst fundiertes Wissen macht uns nicht immer wirklich klüger, denn wie es den Anschein hat, stimmt die Behauptung, dass »wir immer weniger von immer mehr wissen«. Von der Welt in uns und um uns.

Was unseren *Körper* betrifft, so gibt es fundamentale Erkenntnisse, unumstrittenes Wissen, wie nachstehende Beispiele:

- Das menschliche Auge kann nur 8 % aller uns bekannten Strahlen tatsächlich erkennen. Bei Tieren ist das teilweise weitaus höher. Somit bleiben uns 92 % aller bekannten Strahlen/Eindrücke unerkannt. Gibt es sie nicht?
- Krankheiten, die wir – noch – nicht kennen – gibt es sie nicht? Oder bringt nicht jedes Zeitalter neue Krankheiten? So wie früher die Pest, heute Aids, etc.
- Nur 3–5 % unserer Welt wird von uns bewusst wahrgenommen.
- Mit unseren Augen können 10 Millionen Bit pro Sekunde wahrgenommen und bestenfalls 5000 Sterne in unserer Galaxie (Milchstraße) erkannt werden. Das sind aber nur 0,0001 % der Sterne, die es nach derzeitigem Wissen alleine in unserem Universum tatsächlich gibt.
- Die meisten uns bekannten Medikamente können zwar die Symptome, aber nicht die Ursache der Krankheit heilen.
- Jede Krankheit hat eine körperliche und eine seelische Komponente.

Unser Geist:

- Gedanken sind nachweislich Energie, wir können sie messen. Aber glauben wir daran?
- 60–70 % aller Gedanken wiederholen sich jeden Tag.
  Nur 10–15 % der vorhandenen Gehirnkapazität werden von uns Menschen auch genutzt.
- Unser Unterbewusstsein kann bis zu 400 Milliarden Bits an Information pro Sekunde wahrnehmen – unser Bewusstsein jedoch nur 2000!
- 80 % aller negativer Erwartungen treten nicht ein ... wenn 10 % einer Firma entlassen werden sollen, dann machen sich 90 % Sorgen darüber.
- Ab dem 5. Schwangerschaftsmonat wird im Unterbewusstsein des Kindes alles gespeichert (selbst Musik, böse Worte ...).

Über die oben angeführten Punkte (und es gibt viele mehr) können wir nicht diskutieren. Sie sind, ob wir das glauben wollen oder nicht, alle beweisbar. Sie sind Tatsachen. Wissen.

Wir können sie natürlich »interpretieren«, ausdrücken, wie wir etwas sehen ... was wir glauben, dass hinter diesen Tatsachen »steckt«, was diese bedeuten, ausdrücken sollen. Was wir darüber denken, vielleicht ergänzend noch wissen oder ... zu wissen glauben.

»Nicht das, was wir nicht wissen, bringt uns zu Fall, sondern das, was wir fälschlicherweise zu wissen glauben.« (Mark Twain)

Etwas zu wissen, das ist eine Sache – etwas daraus zu machen, das Wissen bewusst anwenden, eine andere. Und darum möchte ich von den genannten Fakten gerne auf zwei genauer eingehen. Sie stehen in engem Zusammenhang mit der Verbindung von Körper und Geist und somit auch mit dem bewusstem Nicht-Handeln. Und sie zeigen Wege dazu auf. Vor allem helfen sie die Frage zu beantworten, wer nun eigentlich eine Pause machen soll.

Unser Körper oder unser Geist?

Krankheiten haben nachweislich eine körperliche und eine seelische/gedankliche Komponente ...

Stellen Sie sich vor, Sie waren Ski fahren, Fußball spielen oder hatten ein Tennismatch. Und dann verletzen Sie sich. Am Fuß.

Was ist, was war zuerst da?

Der Schmerz?

Ja.

Er hat uns in Alarm versetzt.

So, als würde er zu uns sagen: »He du, du bist jetzt verletzt ... aufpassen ... Du bist behindert ... und leiden musst du auch. Jetzt ist der andere stärker, er ist ja nicht verletzt ... usw.«

Kennen Sie das? Hören Sie da nicht auf sich und auf Ihre innere Stimme? Sie spricht mit Ihnen, ob Sie wollen oder nicht.

Und dann folgt – immer – folgender Ablauf:

Nehmen wir an, Sie haben sich das Bein gebrochen:

Körperliche Komponente (Schmerz) = 90 %

Seelische Komponente = 10 % (tut zwar weh, aber wird schon werden ...)

Nach einer Woche der Heilung:

Körperliche Komponente = 70 % (es wird ja besser)

Seelische = 30 % (dauert zu lange, hoffentlich bleibt kein Schaden, fehle in der Arbeit ... etc.)

Am Schluss der Heilung:

Körperliche Komponente = 0 % (jetzt tut mir *nichts* mehr weh)

Seelische = 100 % ...

100 % – warum?

Die Angst vor neuen Unfällen, Unsicherheit, Erwartungshaltung, Vermeiden von Tätigkeiten, die dies fördern könnten, Verlust der Arbeit, Kosten für Heilung, bleibender Schaden ...

Im Gegensatz zu Tieren kennen wir Menschen nicht nur körperliche Schmerzen, wir kennen auch »seelische« Schmerzen. Erzeugt durch die Kraft, Energie, unsere Gedanken. Durch das, was wir in eine Verletzung, eine Krankheit »hineininterpretieren«.

»Das tut aber weh«, denken wir, und »ich werde sicher gelähmt bleiben, eine hässliche Narbe bekommen«, »ich werde nie mehr wieder gesund«, »ich werde sterben müssen« ...

Wie groß diese Macht der Gedanken ist, kann man an der wohl bekanntesten Krankheit unseres Jahrhunderts, dem Krebs, erkennen. Hier, im Gegensatz zu körperlichen Schmerzen, die normalerweise als Erstes auf eine Verletzung, Krankheit, folgen, ist es bei Krebserkrankung die seelische Komponente, die – meistens unbewusst allerdings – zuerst wirksam wird. Krebs ist in einer Vielzahl an Fällen eine seelische Krankheit, die den Körper befällt. Die ihm die Energie für eine gesunde Funktion, ein geregeltes Ausscheiden kranker Zellen und deren Erneuerung ermöglicht. Die seelische Komponente ist es, die dann das Krebsgeschwür wachsen, größer und – zur Krankheit werden lässt.

Dazu passt die Geschichte eines guten Freunds von mir, bei dem man über Nacht Blasenkrebs diagnostiziert hatte. Aus »heiterem Himmel«, wie man sagt. Ohne jegliche Beschwerden, ohne irgendwelche Anzeichen. Aber rechtzeitig, glücklicherweise. Im Verlaufe seiner anschließenden Behandlung erfuhr er, dass diese Art Krebs nicht nur eine seltene, gefährliche Tumorart ist. Blasenkrebs wird oft als »ungeweinte Tränen« bezeichnet. – Als Resultat, als Spiegelbild eines problembelasteten Lebens, Ärger, Enttäuschung und Stress, in dem auch eine zumindest zeitweise ungesunde Lebensweise als »Ventil zur Problemlösung«, Rauchen, Alkohol, eine sicher nicht unbedeutende Rolle gespielt hatten.

Der Körper meines Freundes war zwar – nach außen – gesund, seine Seele, sein Ich, aber nicht. Oder, mit anderen Worten: Der »Körper«, das Haus, in dem wir Menschen wohnen, mag zwar in Ordnung sein oder erscheinen, der »Bewohner« aber längst nicht mehr!

Wie bei meinem Freund, der inzwischen nicht nur gelernt hat, seinen Körper mit anderen Augen zu sehen. Er hat auch eine Erfahrung gemacht, die ihn die Wertigkeiten und Prioritäten in seinem Leben neu ordnen ließ. Es veranlasste ihn auch, aus dem Hamsterrad der unentwegten Aktivitäten, des fremdbestimmten, aber auch sich selbst auferlegten Handelns, zwanghaften Tuns, auszusteigen. Kraft, Lebens-Energie und inneren Frieden im bewussten Nichts-Tun zu finden. Und seinen Freunden und Mitmenschen die Möglichkeit zu zeigen, nicht nur aus negativen, einschneidenden Erlebnissen in ihrem eigenen Leben zu lernen.

Das alles ereignete sich vor einigen Jahren. – Und dieser »gute Freund«, der war ich selbst!

So einfach, zumindest für Mediziner, unser Körper in seinen Funktionen aufgebaut ist, so schwerwiegend können Fehlverhalten, psychische Fehlschaltungen, falsche Lebensgewohnheiten, Ernährung, Maßlosigkeit und Süchte für ihn und damit unser Leben sein.

Alles mit Maß und Ziel ist für unser Leben die gleiche Devise, der es zu folgen gilt, wie die Regel, dass ein Autofahrer sein Fahrzeug nicht bei 150 Stundenkilometer in den ersten Gang schaltet.

Ein fatales, tödliches Fehlverhalten, das wir Menschen leider nur allzu oft mit unserem Körper praktizieren.

Bis zu seinem Zusammenbruch!

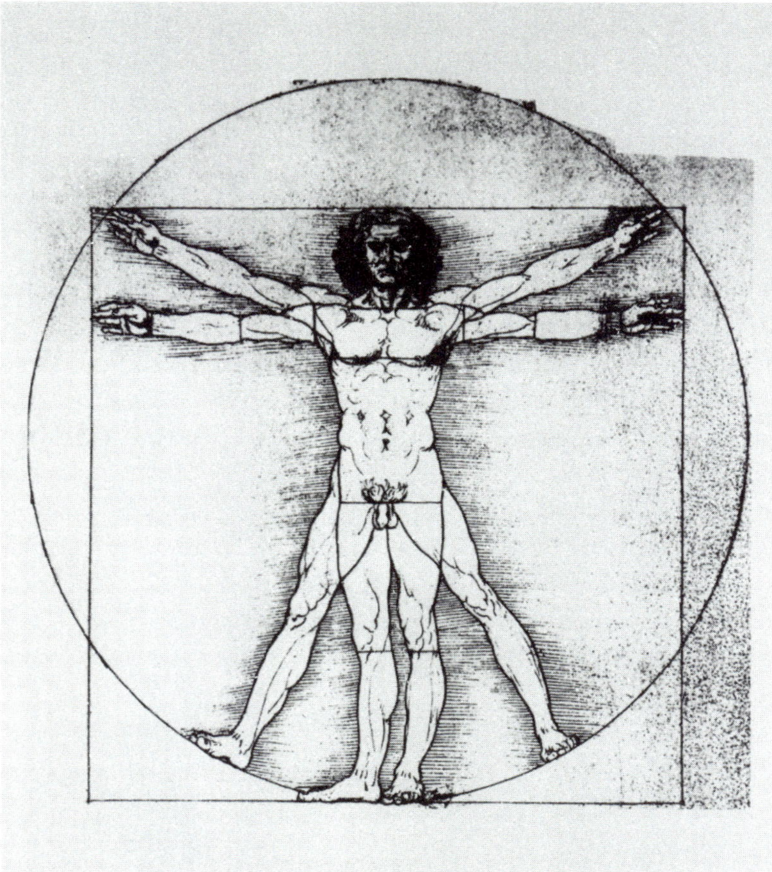

Wir sind nicht – nur – unser Körper

»Geh' du voran«, sagte die Seele zum Körper, »auf mich hört er ja nicht.«
»Ich werde krank werden«, antwortete der Körper, »dann wird er auf uns beide hören!«

Wer betreibt, benutzt, lenkt, führt unseren Körper? Er, der Körper, von sich alleine? Automatisch? Oder ein Computer ohne Benutzer? Ein Flugzeug ohne Pilot? Mit Autopilot? Programmiert von wem? Ein Schiff ohne Kapitän? Eine Lokomotive ohne Lokomotivführer? Oder ist da noch »etwas«? Irgendwer?

Alle Erfindungen der Menschheit wurden der Natur oder der »Funktion« unseres Körpers als Bestandteil der Natur nachgebaut. Sei es nun ein Computer, dessen »Chips« auf die simple Dualität von ja/nein aufgebaut ist, sei es ein Flugzeug, das dem Vogelflug, ein Schiff, das den Fischen nachgebaut wurde – oder eine Dampflokomotive ... dem menschlichen Körper? Die Dampflokomotive, von Stephenson »erfunden«, der Natur abgeschaut, dem menschlichen Körper nachgebaut?

Gehen wir davon aus: Energie kann nie verloren gehen, sie ändert nur ihre Form! Was geschieht nun eigentlich bei der erwähnten »Dampflokomotive«, wie auch bei einem Auto, einem Flugzeug, einem Schiff? Energie wird in einer bestimmten Form zugeführt. Benzin dem Auto und Flugzeug, Elektrizität den Glühbirnen, dem Computer.

Alles dreht sich um – Energie, wie wir schon festgestellt haben.

Was wird benötigt, um eine Dampflokomotive zu bewegen? Energie in Form von Kohle wird zugeführt ... und verbrannt.

Die Folge ist:

- Es entsteht Wärme und Energie, Dampf.
- Es entsteht Kraft.
- Kraft, die in Bewegung umgesetzt wird, die die Räder der Maschine antreibt.
- Beim »Verbrennen« der ursprünglichen (fest-stofflichen) Energie entstehen Abgase, Rauch, Schlacke.

Und wie ist das bei unserem Körper? Wenn er von uns »betrieben« wird? Ist es beim menschlichen Körper nicht ebenso? Ist er nicht auch »nur« wie eine primitive Dampflokomotive? Und sind es nicht in erster Linie die »Steuerungselemente« unseres Körpers, die komplizierter und größtenteils für uns noch vollkommen unerkannt, unerforscht – unbegreifbar – sind?

Was geschieht nun, um unseren menschlichen Körper zu bewegen ... unter »Dampf zu setzen«?

- Wir führen fest-stoffliche Energie zu. Wir essen, trinken.
- In unserem Körper findet ein Verbrennungsvorgang statt.
- Aus fest-stofflicher Energie wird Kraft/Energie in einer anderen, neuen Form.
- Kraft, um den Körper zu bewegen.
- Wärme, um ihn zu wärmen (die gesunde menschliche »Betriebstemperatur« liegt zwischen 35,5 Grad und 37,1 Grad)
- Abgase, die wir riechen können
- »Schlacke«, in fester und flüssiger Form, die wir entfernen müssen ...

Unser weltlicher Körper ist, auch wenn wir oft anderer Meinung sind, somit also »auch nur eine Maschine«. Aber: Wer fährt mit dieser »Maschine«? Wer lenkt sie? Und wer »lenkt« uns?

Sprache ohne Worte – unser Körper lügt nie!

»Die menschliche Sprache ist die Wurzel aller Missverständnisse«, heißt es. Und so ist es auch, wie wir wissen, auch in Hinblick auf »ach hätt' ich das doch nicht gesagt ...« Vorher gedacht, dann erst geredet. Oder gar nicht geredet!

Mit unserem Körper haben wir einen Lebenspartner, der ebenfalls spricht. Ohne Worte. Er spricht mit uns, mit unserer Seele, unserem Ich ... er spricht aber auch mit unseren Mitmenschen. Auf seine eigene Art und Weise. Stets gemeinsam mit unserer Seele – und immer mindestens eine Sekunde, bevor wir Menschen reden.

Unser Körper sagt immer die Wahrheit. Im Gegensatz zu uns. So kann es – sehr oft, wie wir wissen – passieren, dass unser Körper das

Gegenteil von dem »spricht«, was wir mit unseren Worten ausdrücken.

Die Sprache unseres Körpers wird von uns nur allzu oft unterschätzt. Wir sind uns meistens nicht bewusst, dass 97 % (!) unserer Kommunikation mit unseren Mitmenschen ohne Worte abläuft – wir also nichts sagen! Dafür redet unser Körper. Mit unseren Mitmenschen – und mit uns selbst!

Alles, was unser Körper »spricht« dauert nicht länger als drei Sekunden, wie Forscher des Max-Planck-Institutes herausgefunden haben. Ganz gleich, ob Sie jemanden die Hand schütteln, auf die Schulter klopfen, mit der Faust drohen, den »schlimmen Finger« zeigen oder sich am Kopf kratzen ...

Auch hier ist Energie – wie überall in unserem Dasein – im Spiel. Unsere eigene und die unserer Mitmenschen. Denken wir nur daran, wie oft es uns schon passiert ist, dass wir spüren, wie uns jemand folgt ... oder dass uns jemand von hinten ansieht. Wir »spüren« die Blicke, die Energiefelder des anderen.

Und wenn Sie sich nicht vorstellen können, dass Ihr Körper mittels Ihrer Energie zu Ihnen spricht, dann reiben Sie einmal für einige Sekunden Ihre Hände und halten sie einige Zentimeter auseinander. Sie werden die Energieströme, das Magnetfeld, das zwischen Ihren beiden Händen hin und her wandert, leicht spüren.

Senken Sie Ihren Kopf und lassen Sie Ihre Schultern nach vorne fallen ... und jeder wird glauben, heute geht es Ihnen nicht gut. Aber heben Sie den Kopf hoch, Schulter zurück. Offener Blick ... und schon vermitteln Sie, indem Sie *nichts* reden, dass Sie für Taten bereit sind, Energie dazu haben. Und Ihre Augen, die Fenster Ihrer Seele, unterstützen Sie dabei noch.

»Ein Lächeln ist die kürzeste Verbindung zwischen Menschen«, sagt Kurt Tucholsky. Lächeln Sie, auch wenn es Ihnen manchmal schwerfällt. Die damit zu Ihnen zurückkehrende Energie wird Sie dafür belohnen. Der Dalai Lama drückt dies so aus: »Für mich ist die Fähigkeit zu lächeln eine unserer wunderbarsten Eigenschaften. Wenn ich jemanden anlächle und derjenige ernst bleibt und nicht reagiert, bin ich immer ein wenig befremdet. Wird hingegen mein Lächeln erwidert, erfreut dies mein Herz. Selbst wenn mich jemand anlächelt, mit dem ich nichts zu tun habe, fühle ich mich berührt. Woran das liegt? Sicher daran, dass ein Lächeln etwas Grundlegendes in uns berührt: unsere natürliche Wertschätzung von Freundlichkeit.«

Ein Lächeln ist das Öffnen unseres Seelenhauses. Mit weit geöffneten Türen und Fenstern erwarten wir willkommene Gäste. Und Gäste sind wir alle auf dieser Welt. Auch der Fremde auf der Straße, denn was ist schon »ein Fremder«?

Ein Fremder ist ein Freund, dem man noch nicht begegnet ist.

Was spricht dagegen, ihn anzulächeln?

Krankheiten als Sprache der Seele

Aber nicht nur mit unseren Mitmenschen kommuniziert unser Körper unentwegt. Auch mit uns. Indem er uns Zeichen gibt, wie es um ihn steht, was er für eine gesunde Existenz und Funktion benötigt – und was *nicht*!

Wenn unser Körper – aber auch unsere Seele – in seiner/ihrer normalen Funktion gestört ist, dann sprechen wir von Krankheit (40.000 davon kennen wir Menschen).

Eine wesentliche Erkenntnis bei der Beurteilung der Nachrichten, die wir von unserem Körper – wortlos – erhalten, ist die Tatsache, dass alles, was bei unserem Körper in äußerlicher Form in Erscheinung tritt, eine geistige/seelische Ursache hat.

Das Beispiel von meinem Blasenkrebs und den »ungeweinten Tränen« in meinem Leben habe ich ja bereits erwähnt. Ganz gleich, an welcher Krankheit wir leiden mögen, im Sinne des »keine Ursache ohne Wirkung« zeigt unser Körper, wenn wir darauf achten, an welchem Problem er leidet.

Psycho-Physiognomik wird die Kunst genannt, den menschlichen Körper so genau zu beobachten, dass wir Aufschlüsse über geistig-seelische Bedürfnisse und Verhaltensweisen eines Menschen erhalten. Aus der Form (Physis) ziehen wir durch die Beobachtung (gnomein) Rückschlüsse auf die Psyche, den Seelenzustand. Eine Kunst, in der sich schon die alten Griechen unter Plato, Aristoteles und Sokrates übten.

Aber auch wir sind keine vollkommenen Laien auf diesem Gebiet und können Krankheitssymptome – weniger deren seelische Ursachen – sehr wohl aus dem Körper und vor allem dem Gesicht unserer Mitmenschen »ablesen«. Ob zum Beispiel jemand fiebrig ist, Schnupfen, ein Gelenkleiden hat oder unter Bluthochdruck leidet.

Schlafen – bewusstes Nichtstun?

»Dem Seinen gab's der Herr im Schlaf«, heißt es im Alten Testament. Bei uns heute ist es nicht anders. Mehr als ein Drittel unseres Leben verbringen wir schlafend. Ein 75-jähriger Mitteleuropäer hat somit 25 Jahre seines Lebens schlafend verbracht. Schlaf ist ein Grundbedürfnis des Menschen ... und Schlafentzug eine Foltermethode.

Im Schlaf stellt unser Gehirn ein Gleichgewicht aller tagsüber gewonnenen Eindrücke und Reize her und reduziert unseren Stoffwechsel, Wärmeaustausch und somit den Energieverbrauch.

Es ist erwiesen: schlafen macht nicht nur gesund – es macht auch »klüger«, denn unser Gehirn ist auch »nur« ein Computer, der Daten speichert und verwertet. Zum Beispiel im Schlaf in der traumlosen Phase des REM-Schlafes (REM = Rapid Eye Movement, also jene Phase, wo sich unsere Augen unter den geschlossenen Lidern schnell bewegen). In dieser Phase verändern sich die Nervenzellen, gehen neue Verbindungen ein oder verstärken sich – unsere Lern- und Erinnerungsfähigkeit wird verbessert.

Aber Schlafen ist noch viel mehr, wenngleich es keine plausible Erklärung zum Zweck des Schlafes gibt, sondern einzig und alleine Hypothesen, Annahmen.

Da wäre die bereits erwähnte Verarbeitung der Erlebnisse, die wir im Wachzustand haben. Erfahrungen werden »eingeordnet« und in Form von Träumen verarbeitet. Weiters werden einzelne Körpersysteme wieder in die richtige Ablauffunktion, in die richtige Geschwindigkeit gebracht und »Unordnungen« des Wachlebens korrigiert, wieder »auf Null« gestellt.

Die Regeneration, die Erholung der Organe während des Schlafes ist ebenso eine Hypothese wie die Annahme, dass, im Gegensatz dazu, der Schlaf keine Erholung bringen soll, sondern dazu dient, ein »ökologisches Gleichgewicht« herzustellen. Mit anderen Worten: Nicht zu viele der 6 Milliarden Menschen auf dieser Welt sollen gleichzeitig wach und aktiv sein ... also ein Drittel davon durch Nichts-Tun im Schlaf dazu beitragen, dass die anderen zwei Drittel problemlos aktiv sein können!

Welche Annahme auch zutreffen mag, oder welche Mischung aus den vier, ist keineswegs so wichtig wie die Tatsache, dass Schlaf für unser harmonisches und gesundes Leben von immenser Bedeutung ist. Und dass unser Körper und unser Geist diese Phase des bewussten Nichts-Tun benötigt. Ein Teil des Zwischenhirns, die Zirbeldrüse (Epiphyse), steuert unseren Tag-Nacht-Rhythmus und produziert dafür das Hormon Melatonin. Melatonin wird in den USA als eine Wunderdroge gehandelt, dessen Wirkung allerdings noch nicht bewiesen ist. Eine Wunderdroge, die angeblich sogar das Altern verlangsamen und Schlafstörungen und Migräne heilen beziehungsweise gar nicht entstehen lassen soll. Und den Haarwuchs regt es angeblich auch an!

»Morgenstund hat Gold im Mund«

Ich versuche, gelernt habe ich es noch nicht, grundsätzlich über wichtige Entscheidungen eine Nacht zu schlafen. Nur allzu oft habe ich dabei feststellen müssen, dass, was mir am Vorabend noch als Problem erschien, am Morgen gelöst war. Die besten Ideen, vor allem kreativer Art, hat man meistens am Morgen – wenn noch im Bett, so im Halbschlaf, vor sich hin dösend und ganz bewusst »nichts-tuend«!

Dabei muss man keinesfalls unter FAPS (Frühaufsteher-Syndrom) leiden. Man kann sich die Morgenstunde bewusst zum Partner und Freund machen, denn bei jedem Mensch geht die innere Uhr etwas anders und können, wie wir festgestellt haben, die »Produktivitätszyklen« verschieden sein.

Fest steht, dass die Zeit nach der Schlafphase, nach dem bewussten Abschalten des Alltags, der Reduktion aller bewussten Körpertätigkeiten, der Ernährung, des bewussten Denkens die kreativste Phase in unserem Tagesrhythmus darstellt. Und das muss nicht unbedingt um 6 oder 7 Uhr »früh« am Morgen sein.

Fünf unserer Lebensjahre hat unser Gehirn benötigt, um fertig entwickelt, »erwachsen« zu werden. Von 200 Milliarden Nervenzellen während der Schwangerschaft der Mutter sind 100 Milliarden geblieben. Der Rest ist in der Entwicklungsphase abgestorben. Eigentlich haben wir alles Lebensnotwendige gelernt, aber die verbliebenen 100 Milliarden Nervenzellen haben dennoch noch viel zu tun: unter anderem die Aus- und Weiterbildung unseres Gedächtnisses, zum Beispiel ... im Schlaf! Und was die wenigsten Menschen wissen: Der Schlaf kommt in einer »Pause«, einem für uns Menschen unbewussten Nichts-Tun, zu uns – in der Atempause, dem Augenblick zwischen dem Ein- und Ausatmen.

Im Laufe unseres Älterwerdens verändert sich unser Schlafbedarf, und im hohen Alter werden die Tiefschlafphasen immer kürzer und der gesamte Nachtschlaf verringert sich, wobei auch hier gilt, dass bei Verletzung der regelmäßig benötigten Schlafdauer – zu wenig, aber auch zu viel Schlaf – unsere Leistungsfähigkeit beeinträchtigt wird. Wichtig ist dabei auch die Schlafqualität, wobei hier vor allem Licht- und Lärmeinflüsse, Raumklima, Bett und Matratze entscheidend sein und zu Schlafstörungen und Stress führen können.

»Ein gutes Gewissen ist ein gutes Ruhekissen«, sagt der Volksmund nicht umsonst. Denn auch unsere psychische Verfassung findet ihr »Spiegelbild« im Schlaf und unseren Träumen. Auch der Spruch

»Büroschlaf ist der beste« hat seine Berechtigung, wenngleich immer noch als Faulheit verpönt und diskriminiert. Dennoch, in Hinblick auf die in der Mitte des Tages rapide abfallende Leistungskurve ihrer Mitarbeiter haben bereits viele große Firmen erkannt, dass »ein Nickerchen«, eine Ruhephase von 20 Minuten, eine leistungssteigernde Zeitinvestition darstellt. Beraterfirmen wie die »Siesta-Consulting« von Mario Filoxenidis, der als Grieche die Ruhe und Schlafgewohnheiten seines Volkes ja sehr gut kennt, haben sich darauf spezialisiert, Unternehmen in Bezug auf den nutzbringenden Einsatz eines »Nickerchens« zum Wohle der Firma zu beraten.

Das Leben – nichts als ein Traum?

Schweben, fliegen ... sterben. Im Traum ist alles möglich. In der »Traum-Fabrik« entstehen Zeitreisen – die Vernunft, das Bewusstsein, schläft. Seit jeher beschäftigt die Deutung von Träumen die Menschheit, nicht erst seit Sigmund Freud. Und selbst die Kunst wurde von Träumen beeinflusst und der Surrealismus – die »Traumkunst« – geboren. Salvador Dalí war einer dieser Surrealisten.

Aber nicht nur die tagsüber im Wachzustand aufgenommenen Eindrücke und Erlebnisse, Gedanken und Gefühle, werden im Schlaf, im Traum, »verarbeitet«. Das Kurzzeitgedächtnis spielt hier eine wichtige Rolle, da es für alle flüchtigen Ereignisse zuständig ist, die sich außerhalb unseres Verstandes, also unseres Bewusstseins, abspielen. Auch für das »im Traum Erleben« von Dingen, die im Real-Leben nicht erlaubt, verboten sind. Oder nicht möglich. Und so können wir im Traum auch schweben, fliegen, »über den Dingen« stehen und unerfüllte Wünsche als erfüllt erleben. Unbefriedigte sexuelle Bedürfnisse ausleben oder unangenehme Dinge aussortieren, als »Ballast« über Bord werfen und bereinigen.

Womit der Traum zu einer immensen »Seelen-Waschanlage« wird und dazu beiträgt, am nächsten Morgen ohne »den Schmutz und Dreck von gestern« wieder zu erwachen.

»Das Leben ein Traum«, vom Spanier Pedro Calderon de la Barca, Anfang des 17. Jahrhunderts geschrieben und von Grillparzer im Drama »Der Traum ein Leben« (1834) umgeschrieben, ist die Geschichte eines Königssohns, der unwissend, fern von Menschen in den Wäldern Polens wie ein wildes Tier aufwächst. Durch einen Schlaftrunk wird er betäubt, ins Königsschloss gebracht und einen Tag lang wie ein Herrscher behandelt.

»Was ist Leben?
Raserei?
Was ist Leben?
Hohler Schaum?
Ein Gedicht, ein Schatten kaum?
Wenig kann das Glück uns geben;
Denn ein Traum ist alles Leben.
Und die Träume selbst ein Traum!«

Aber wie lebt man seinen Traum? Wie erfüllt man den weisen Spruch »Träume nicht dein Leben – lebe deinen Traum«?

Träume sind die Sprache der Seele. Sie machen erfolgreich und weise ... wenn man sie deutet und auf sie hört. Denn Träume können vielfältig sein. Sie können uns warnen, führen, aber auch ver-führen, Kreativität in Ihnen entstehen lassen oder zu Veränderungen in Ihrem Leben motivieren.

Bedenken Sie: Im Wachzustand leben Sie in der Welt, die Sie mit Ihren Mitmenschen teilen müssen – im Traumzustand lebt jeder von uns in seiner ureigensten, individuellen Welt, in der sich alles nur um einen selbst dreht. Aber kennen sie Ihre Träume, Ihren »Haupttraum«, überhaupt?

Zu wissen, was Ihnen »Ihr Traum« mitgibt in Ihr Alltagsleben, das ist bereits der erste erfolgreiche Schritt, Ihren Traum auch bewusst zu leben. Sie werden überrascht sein, wie viele Träume sich so tatsächlich verwirklichen lassen ... vorausgesetzt, Sie machen sich die Mühe und beschäftigen sich mit Ihren Träumen. Versuchen diese zu deuten. »Ein ungedeuteter Traum ist wie ein ungelesener Brief«, heißt es im Talmud, einem der bedeutendsten Schriftstücke des Judentums.

Also, dann lesen wir doch, was uns unsere Träume an Botschaften übermitteln ... und lassen wir diesen »Brief« nicht ungelesen.

Alles mit Maß und Ziel

Bewusst »nichts zu tun« ist schwer. Bewusst »weniger zu tun«, der erste Schritt zu bewusstem Nichts-Tun, ist nicht viel leichter, glauben Sie mir. Mit Maß, maßvoll, wie wir sagen, an ein Ziel heranzugehen, zum Beispiel sich gesund zu ernähren, Sport zu betreiben, »zu arbeiten« ... das ist keineswegs eine leichte, aber dafür um so lohnenswertere Aufgabe, der wir uns stellen *sollten*.

Ja, eigentlich *müssen* – denn mit *Wollen* alleine ist es nicht getan. Dafür haben wir bereits zu viel falsch gemacht. Uns zu viele Fehlverhalten angewöhnt, die wir schnellstens wieder »verlernen« müssen!

Was das »Maß und Ziel« für unseren Körper ist – er zeigt und sagt es uns selbst sehr deutlich. Und wir sehen es jeden Tag. Wenn nicht an uns selbst, so an unseren Mitmenschen. Im Fernsehen oder in den Zeitungen. Alleine in den USA leiden so viele Menschen bereits unter Fettleibigkeit, dass 112.000 daran jährlich sterben und Frauen oder Männer mit über 300 Kilogramm keine Seltenheit mehr sind. Ihr Fast Food mit den bekannten »All You Can Eat«-Kampagnen (primitiv ausgedrückt: »Friss, so viel du kannst«) wird, wenn es so weitergeht, zum »last food«. In Großbritannien trinken sich fast 10.000 Menschen pro Jahr zu Tode. Aber zeigen wir nicht auf diese beiden Beispiele ... in unserem Land (ganz gleich, wo wir leben) ist es nicht viel anders.

Die Beispiele über Maß-Losigkeit im Umgang mit unserem Körper füllen die Seiten der Magazine. Nicht nur zu viel Alkohol, zu viel Drogen, zu viel Fett ... auch, wie bereits zitiert, zu viel Arbeit.

Auch zu wenig kann zu viel sein ...

So wie uns unser Körper das Zuviel deutlich zeigt, so zeigt er uns auch das krankhafte Zuwenig. Wenngleich dieses oft unerkannt, verschleiert in vielen von uns schlummert.

Der deutsche Olympiasieger von Seoul 1988 im Achter-Rudern, Bahne Rabe, damals 95 Kilogramm »schwer«, 2,03 Meter groß und topfit. Im Juli 2001, als er nur mehr 60 Kilogramm wiegt, fährt er mit seiner Familie noch nach Wyk auf Föhr auf Urlaub. Und am 10. August 2001 ist Bahne Rabe tot!

Magersucht – nichts essen bis zum Tod.

Etwa 1 % der Frauen im Alter von 15–25 Jahren, aber auch, wie im Falle von Rabe, Männer, verfallen diesem Selbstmord-gleichen Fehlverhalten, das meistens in der Pubertät beginnt – auf der verzweifelten Suche nach Identität und Selbstwert. Eng verbunden damit ein weiteres menschliches Fehlverhalten – die Bulimie oder Ess-Brech-Sucht.

Suchtmittel wie Alkohol und Drogen, wie Zigaretten und Medikamente sind eine Flucht – eine Erkrankung unserer Seele, unseres Ichs: Fliehen vor Angst und Leid, aber vollkommen vergessend, dass man vor einer Angst und einem Leid nie davonlaufen kann.

Angst und Leiden laufen mit uns mit, ganz gleich, wohin wir laufen mögen. Ganz gleich, wie viel Alkohol wir in unseren Körper schütten. Und wenn wir auch noch so wenig essen, alles wieder erbrechen, unser Schlankheits-Schönheits-Ideal werden wir nie erreichen. So, wie wir Menschen auch nie genug reich sein werden.

Werbung und Filmindustrie tragen das Ihre dazu bei, dass nur schlanke Menschen schöne und gesunde Menschen sein sollen. Dass Reichtum, an Schönheit und materiellen Werten, erstrebenswert sei und Ideale aufbaut, wo eigentlich Gefahr lauert. Mädchen wie die 18-jährige Marie-Luise, 172 cm groß, halten sich selbst mit nur 41 kg Gewicht noch für zu dick und beginnen, sich selbst Schmerzen zuzufügen.

Mit Scheren und Rasiermessern – um sich zu bestrafen, wie sie sagen, weil sie wieder einmal »zu viel« gegessen hatten ... oder »zumindest wieder einmal den eigenen Körper spüren wollen«.

Wir sollten auf die Sprache unseres Körpers hören, achten und erkennen, wann wir etwas tun und wann wir etwas *nicht* tun sollen.

Vor allem: Wann, wie viel und wie lange von beidem!

Weniger ist mehr

Diogenes, Symbol für Freiheit durch Bedürfnislosigkeit, lebte, so die bekannte Anekdote, in einer Tonne und wurde von Alexander dem Großen besucht. Der war bereit, ihm jeden Wunsch zu erfüllen mit der Hoffnung, Diogenes würde dies mit Bewunderung und Respekt anerkennen. »Was kann ich für dich tun ...?«, soll er Diogenes gefragt haben, worauf der antwortete: »Du könntest so nett sein und mir aus der Sonne gehen!« Alexander der Große soll daraufhin gesagt haben: »Wäre ich nicht Alexander, wollte ich Diogenes sein!«

Nun, zu leben wie Diogenes, in einer Tonne, mit einer Laterne jeden Tag durch die Stadt zu wandern und »nach Menschen zu suchen«, das ist sicherlich nicht die erstrebte Lebensvorstellung, die ich Ihnen gerne vermitteln möchte. Es stellt eine Überzeichnung, ein Extrem dar, das aber zum Nachdenken anregen kann.

Ist alles, was wir haben und tun, wirklich notwendig?

Geht es mit weniger nicht auch? Vielleicht sogar besser und vor allem glücklicher? Sind wir uns bewusst, wie viel wir von etwas benötigen?

Zu viel oder zu wenig von allem ist in unserem Leben für Körper und Geist, für unser Dasein, nachweislich schädlich. Das trifft nicht nur auf Essen und Trinken, auf das Rauchen, Extremsport usw. zu. Vor allem auch auf unsere Arbeit. Arbeit als Energiekonsument und -verschwender Nummer 1.

Wir alle kennen sie, die »Workaholics«, die stolz darauf sind, dass sie »keine Zeit« für etwas anderes als ihre Arbeit haben. Die dabei ihr Leben und das ihrer Familie riskieren und in vielen Fällen nachweislich ruinieren. Oft, weil sie glauben, unentbehrlich zu sein. Weil sie sich für die Besten auf ihrem Gebiet halten ... oder aber auch, weil sie nicht Nein sagen können. Und nachdem sie keine andere Form der »Befriedigung«, des »Glücks«, kennen, dieses eben in der Arbeit suchen – und zu finden glauben.

Ich habe noch keinen wirklich glücklichen »Workaholic« kennengelernt, aber auf den ersten Blick einen solchen an seiner Körpersprache sofort erkannt. An den nervösen Augen, der blassen Haut ... der Unruhe, die er ausstrahlt und die fast unangenehm »berührt«. Es gab eine Zeit, da haben mir diese Mitmenschen leid getan. Ich habe versucht, ihnen einen Spiegel vor Augen zu halten. Leider hatten sie aber in den meisten Fällen nicht einmal die Zeit, um hineinzuschauen oder um einige Minuten zuzuhören, was ich ihnen zum Beispiel über das Pareto-Prinzip, die 80:20-Lebensregel, näherbringen wollte.

»Und, was hat das mit mir zu tun?«, war oft die ungeduldige Frage meiner gestressten Freunde, zu denen nicht nur Manager, wie man glauben möchte, zählten ... auch Hausfrauen und selbst Pensionisten.

Die Menschen handeln nicht, weil sie gedacht haben, sondern sie denken, weil sie gehandelt haben! Zuerst handeln, tun ... und dann erst denken ... und zuallerletzt die Pause, das bewusste – oder auf Grund von Fehlleistungen, erzwungene Nichts-Tun!

Die 80:20-Regel

Vilfredo Pareto (1848–1923) war ein italienischer Wirtschaftswissenschaftler und Soziologe, der die Vermögensverhältnisse in Italien untersuchte und feststellte, dass ca. 80 % des Volksvermögens im Besitz von ca. 20 % der Familien war. Darauf basierend formulierte der amerikanische »Qualitätsmanager« Joseph M. Juran das sogenannte »Pareto-Prinzip«, das nachweislich belegt, dass mit 20 % der Ursachen – also auch Arbeit – 80 % der Wirkung – also angestrebtes Ergebnis – erzielt werden kann.

Für die Lebensphilosophie des bewussten Nichts-Tuns ist ganz wesentlich Folgendes zu berücksichtigen: Mit den verbleibenden 80 % des Aufwandes wird nur 20 % des Resultates erzielt.

Geht man von der Verlust- und Fehlerquote jeglicher Tätigkeit des Menschen aus, so sind diese 20 % »Ergebnis« mit 80 % »Aufwand« von geringer Bedeutung. Oder, wie wiederum erfahrene Wirtschaftsmanager sagen würden: »Ein ROI, Return of Investment, ist bei 80 % Aufwand und nur 20 % Erfolg/Ergebnis nicht gegeben.«

Ganz gleich, was wir tun, planen. Ob wir Schuhe oder Würstchen verkaufen, Fische fangen oder Werbung betreiben. Selbst bei unserer Ernährung kann die 80:20-Regel angewendet werden, wie Ernährungsexperten bestätigen: Bei 80 % gesunder Ernährung kann man sich 20 % »Ernährungssünden« leisten.

Das 80:20-Prinzip trifft immer dort zu, wo wir es sind, die entscheiden können, was wir wann und wie oft – und vor allem wie – tun. Mit wem wir Geschäfte machen und mit wem nicht, denn auch hier gilt in sehr vielen Fällen (es gibt selbstverständlich Ausnahmen), dass 20 % der Kunden für 80 % des Geschäfts, Umsatzes etc. verantwortlich sind.

Verschwendete Zeit, Energie, Ressourcen ... für den Einzelmenschen wie auch für Firmen – daraus ergibt sich die Frage: Ist die »Produktivität«, sprich Arbeitsleistung, von Teilzeit-Angestellten im Vergleich zu Vollzeit-Angestellten als Beispiel nicht so, dass, gemäß dem Pareto-Prinzip, mit weniger (Zeit-)Aufwand fast genauso viel geleistet wird wie mit vollem (Zeit-)Aufwand?

Für Arbeitgeber natürlich ein großer Vorteil, denn sie müssen immerhin weniger für die Arbeitsleistung bezahlen. Und für den Arbeiter in vielen Fällen auch, hat er doch »mehr Zeit zum Leben« und bezahlt darüber hinaus auch noch wesentlich weniger Steuern, was seinen Nettostundenverdienst positiv beeinflusst. Und Politiker verweisen stolz auf sinkende Arbeitslosenraten ...

Effiziente 20 % reichen, damit Sie erfolgreich 80 % Ihres Zieles erreichen.

Die beste Investition für ein glückliches und sinnvoll »erfülltes« Leben ist sicherlich herauszufinden, wo bei einem jeden von uns die persönlichen 20 % lohnender Aufwand für 80 % Erfolg liegen! Und wo es angebracht erscheint, besser *nichts* zu tun.

Wenig kann unvorstellbar viel sein ...

Die Verteilung der »Reichtümer« wie z. B. Besitz und Vermögen auf unserer Welt ist wahrhaftig nicht gerecht. Reichtümer sind mannigfaltig und nicht nur materieller Besitz, Geld, Macht. Nahrung kann ebenso ein Reichtum sein wie sauberes Wasser und Luft oder die Liebe und Sorgfalt von anderen Menschen – und natürlich unsere Gesundheit.

Auch hier gilt größtenteils das Pareto-Prinzip mit seiner 80:20-Regel. So z. B. befinden sich, wie bereits erwähnt, 80 % des weltweiten Reichtums in Europa, Nordamerika, Australien und Japan – die allerdings nur 20 % Anteil an der Weltbevölkerung haben. Was wie die Zahlenspielerei eines begeisterten Statistikers aussieht (der ich wahrlich nicht bin), hat in Bezug auf den Ausspruch »wenig kann unvorstellbar viel sein« unglaubliche Auswirkungen, die – ebenfalls in Zahlen ausgedrückt – so aussehen:

3,2 Milliarden Menschen leben in Armut, d. h., sie haben unter 2 US-Dollar (oder 1,5 Euro) pro Tag zur Verfügung.

852 Millionen Menschen leiden an Hunger, aber 1,1 Milliarden Menschen sind gleichzeitig übergewichtig!

Täglich sterben bis zu 100.000 Menschen an Hunger oder dessen Folgen. Alle fünf Sekunden stirbt daran ein Kind unter fünf Jahren! Gleichzeitig werden im kleinen Österreich von jedem Einwohner zwischen 20 und 43 kg hochwertiger Lebensmittel im Wert von mindestens 500 Euro pro Jahr weggeworfen. Und Fluggesellschaften werden weltweit von den Lebensmittelgesetzen ihres Landes gezwungen, die von den Passagieren nicht konsumierte, originalverpackte Bordverpflegung entweder als Schweinefutter zu verwenden oder, was weitaus häufiger der Fall ist, ganz gleich ob es sich dabei um Lachs, Kaviar oder bloß einfaches Gebäck handelt, zu vernichten.

Die ungerechte, menschenunwürdige Verteilung von Gütern und die damit zusammenhängenden Folgen für die gesamte Menschheit sind keine unbeeinflussbare Tatsache, mit der wir uns abfinden müssen. Sie sind Resultat unseres Egos, das im letzten Jahrhundert Besitz von uns ergriffen hat und langsam aber sicher außer Kontrolle gerät.

Das Bedürfnis nach immer mehr haben und besitzen wollen scheint keine Grenzen zu kennen – außer jene, die wir uns selbst auferlegen. Aufgrund der Erkenntnis, dass unser irdischer Besitz, was immer dies auch sein mag, nur eine Illusion ist.

»Nicht die Bäume und die Blumen gehören dir«, heißt es, »du besitzt auch nicht den Garten. Du bist nur der Gärtner.«

Dass wir »nichts dagegen tun« können, ist auch eine Illusion, für die zu beseitigen wir unseren freien Willen in unser Leben mitbekommen haben. Wir können verändern, indem wir bei uns selbst beginnen. Indem wir unsere Gedanken, unsere Einstellung ändern, verändern wir auch unser Ego. Wir verändern uns auf der ständigen Jagd nach einem vermeintlich »besseren Leben«.

Weniger ist mehr – unglaublich viel. Und einfach und bedacht zu leben heißt nicht dem Beispiel von Diogenes in seiner Tonne zu folgen. Es heißt auch nicht, stumpf und verarmt zu sein. Ganz im Gegenteil: In einem »einfachen« Leben hat man mehr Zeit für Vergnügungen und individuelle Kreativität. Weniger Angst vor Verlusten von materiellen Werten ... und man setzt neue Prioritäten.

2005 war das von den Vereinten Nationen ausgerufene »Jahr der Mikrokredite«. Der aus Bangladesch stammende Muhammed Yunus begann bereits 1976 mit der Vergabe von Kleinstkrediten – von 1 bis unter 1000 Euro – als Unterstützung für Arme und erhielt dafür 2006 den Friedensnobelpreis. Ein Kredit von 10 Euro mag uns unvorstellbar erscheinen, so klein ist der Betrag. Nicht für jemanden, der gar nichts besitzt und mit wenig vielleicht viel machen kann.

Viele von uns haben in ihrem Leben möglicherweise einmal bei der Stunde Null begonnen, wie sie sich eine Existenz aufgebaut haben. Erinnern wir uns daran, wie glücklich wir für jede uns gebotene Hilfe und Unterstützung waren. Und dabei waren es oft nicht einmal materielle Werte, sondern oft »nur« Verständnis, Fürsorge, Liebe.

»Wenn jeder Mensch auf dieser Welt nur einen einzigen anderen Menschen glücklich macht«, sagt eine alte Lebensweisheit, »dann wären alle Menschen auf Erden glücklich.«

Fangen wir damit an.

Bei uns.

Es ist nicht alles so, wie es scheint!

Und nicht alles ist so wichtig!
Existiert wirklich, was wir zu sehen glauben?

»Ich glaube nur, was ich mit eigenen Augen gesehen habe!« – Eine Lebenseinstellung, an der ein Großteil der Menschen festhält. Als Prinzip, unwissend oder nicht berücksichtigend, dass das menschliche Auge ja nur 8 % aller uns bekannten Strahlen überhaupt sehen kann und wir nur bis zu 3–5 % unserer Welt überhaupt mit unseren Sinnen wahrnehmen. Und von dem Wenigen, das wir wahrnehmen, ist vieles wiederum nicht so, wie es scheint!

Dem Grundsatz »ich glaube nur, was ich mit den eigenen Augen sehe« kann man somit leicht einen anderen, weitaus zutreffenderen, entgegenhalten: »Der Schein trügt!«

Optische Täuschungen können nahezu alle Aspekte des Sehens betreffen und beruhen auf der Tatsache, dass alle Wahrnehmungen (aber nicht nur optische) rein subjektiv, also von Mensch zu Mensch verschieden sind und von unserem Gehirn, unserem Denken beeinflusst werden.

Wir sehen dann, was wir zu sehen glauben. Unser Gehirn vergleicht die optischen Wahrnehmungen mit erlernten Erfahrungen ... und wir ziehen daraus Schlüsse. Falsche Schlüsse, sehr oft. Oder, wie anhand nachstehenden Mustertextes klar ersichtlich, lässt uns unser Gehirn etwas lesen, das so gar nicht geschrieben wurde:

Afugnrud enier elingshcen Sdiute ist es eagl, in wlehcer Rienhnlefoge die Bcuhtsbaen in eniem Wrot sethen, das enizg Wcihitge dbaei ist, dsas der estre und lzete Bcuhtsbae am rcihigten Paltz snid. Der Rset knan ducrheiannedr sein, und man knan es torztedm onhe Porbemle Iseen. Das fnutkinoeirt dseahlb, weil wir nchit Bcuhtsbae für Bcuhtsbae Iseen, snorden Wröetr als Gnaezs.

Sehr viele, wenn nicht die meisten der gut gemeinten »Ratschläge« und »Wertigkeiten«, die uns als Kinder beeinflussten, sind Momentaufnahmen aus dem Leben der Erwachsenen und somit deren subjektive Erfahrungen und Be- und Verurteilungen. Was für den Vater vielleicht wichtig war – eine unkündbare Stellung als Beamter zum Beispiel, das muss noch lange nicht für seinen Sohn wichtig sein. Das »unter der Haube sein«-Wollen der Mutter muss für die Tochter kein Hindernis sein, glücklich, mit sich und ihrem Leben in Einklang, ein uneheliches Kind zu bekommen ...

Einen Großteil von dem, was wir für uns und unser Leben als wichtig und was als unwichtig erachten, das erstellen wir selbst! Auch die Illusion, wie unser Leben aussehen soll, muss! Welche in erster Linie materiellen »Werte« und Inhalte unser Leben benötigt, um »in den Augen der anderen« – und auch unseren eigenen – als glücklich und erfolgreich zu gelten.

Da kann es dann immens wichtig sein, statusgemäß einen bestimmten Autotyp zu fahren, ein Haus zu besitzen, einen tollen Job mit viel Geld und all das, was uns die Gesellschaft, die Werbeindustrie, unsere ungezügelte Phantasie so vorspielt. Und wir spielen mit. Denn das alles, das haben wir ja verdient, glauben wir. Das steht uns zu, denn immerhin leben wir in einer Wohlstandsgesellschaft im Zeitalter des Fortschritts, der Wissenschaft und Forschung und der technischen scheinbar nicht enden wollenden Entwicklung.

In dieses Fass ohne Boden springen wir mit Begeisterung. Ohne zu erkennen, dass selbst, wenn wir all das, was so wichtig in unserem Leben zu sein scheint, erreicht haben, wir noch immer nicht zufrieden sein werden. Für unser Ego werden wir nie genug Geld haben, es wird immer noch schönere Häuser, teurere Autos und schönere Frauen und Männer geben ...

Und wenn wir das alles oder einiges von dem, was so wichtig ist in unserem Leben, nicht bekommen, dann glauben wir zu scheitern. Nicht mehr »wichtig« zu sein. In den Augen der anderen als Verlierer dazustehen ... weil wir selbst die anderen so be- und verurteilen. Und dabei vergessen wir vollkommen, dass in unserem Leben nichts so ist, wie es scheint. Das alles nur von dem lebt, was wir hineininterpretieren.

Und uns dabei selbst »ver-führen«. Zum Fehl- und zum Ver-Urteilen, zu Fehl-Handlungen. Und zu Vor-Urteilen, die erwiesenermaßen zu 90 % nicht auf unserer eigenen Erfahrung beruhen! Wie eine kleine Geschichte aus der griechischen Mythologie anschaulich unter Beweis stellt:

Eines Tages stieg Göttervater Zeus vom Olymp herunter und besuchte zusammen mit seinem Sohn Hermes, dem Götterboten, als einfache Wanderer verkleidet, die Menschen. Auf ihrer Erdenwanderung kamen sie zum Hause eines reichen Mannes und baten diesen höflich um etwas Essen und Unterkunft. Der reiche Mann jedoch war zu geizig und herzlos, um die beiden armen Wanderer in sein Haus einzuladen, um mit ihnen zu speisen und sie in seinem Haus schlafen zu lassen. Gastfreundschaft kannte er nicht, sein Herz war hart wie Stein und sein Sinnen nur bei Geld und Gütern.

... und so blieb den beiden Verkleideten nur, in der kalten Scheune des reichen Mannes zu übernachten. Mit knurrendem Magen, durstig und erschöpft von der langen Wanderung.

Als Hermes am nächsten Morgen aufwachte, da sah er zu seinem Erstaunen, dass Zeus in der Nacht die Wände der alten Scheune neu verputzt und ausgemalt hatte. So, dass sie fast wie neu aussah. Hermes wollte wissen, warum er die alte Scheune des geizigen, reichen Mannes so schön erneuert hatte. Zeus antwortete nur: »Hermes, es ist nicht alles so, wie es scheint.« Und sie setzten ihre Wanderung fort.

Am Abend kamen sie zum Hofe eines armen, alten Ehepaares. Sie hatten eine einzige Kuh im Stall und kaum für sich und ihre Kinder zu essen. Aber sie hatten ein Herz voll Liebe und luden die beiden Wanderer freudig in ihr bescheidenes Haus, teilten das Wenige, das sie hatten, mit ihnen und ließen sie sogar in ihren eigenen Betten schlafen.

Am nächsten Morgen jedoch kamen die alten Leute weinend aus dem Stall – ihre einzige Kuh war über Nacht gestorben und sie wussten in ihrem Kummer weder ein noch aus. »Ich verstehe dich nicht, oh Zeus«, wandte sich Hermes, nachdem sie ihre Wanderschaft fortgesetzt hatten, an den Göttervater. »Warum hast du nichts unternommen, um die freundlichen, liebevollen alten Bauersleute vor dem Verlust ihrer einzigen Kuh zu beschützen?« »Es ist nicht alles so, wie es scheint«, antwortete Zeus daraufhin erneut.

Als sie dann aber zur Mittagszeit im Schatten eines alten Olivenbaums rasteten, erklärte Zeus seinem Sohn: »In der Scheune des geizigen, reichen Mannes, da erkannte ich plötzlich, dass sich in einem Loch in der Scheunenwand ein wertvoller Goldschatz verbarg ... und so mauerte ich schnell alles zu und färbte die Wand neu, damit der herzlose Geizhals den Schatz nicht finden konnte. Und in der Nacht im Hause des alten Ehepaares, das das letzte Stück Brot und sein Bett mit uns geteilt hatte, da kam plötzlich der Tod auf Besuch und wollte den alten Mann von der Seite seiner geliebten Frau wegreißen. Da hab ich ihm die Kuh stattdessen gegeben. Du siehst also, lieber Hermes, es ist nicht alles so, wie es scheint.«

Sein oder nicht sein – keine Frage

Das Tipota-Prinzip mit seinen sechs einfachen Regeln stellt eine Zusammenfassung aller unserer gemeinsam erarbeiteten Erkenntnisse in Bezug auf bewusstes, kreatives Nichts-Tun dar. Ein »Leitfaden« für unser derzeitiges und damit auch unser zukünftiges Leben.

Wenn Sie die gut gemeinten Worte des ehemaligen US-Präsidenten Bill Clinton lesen: »Wir haben die Macht, unsere Zukunft zu verändern!« ... dann werden Sie vielleicht wie ich spontan denken: Die Zukunft verändern? Wie können wir das, wenn wir das Heute nicht verändern? Oder kann man vielleicht sagen: »Morgen werde ich dich lieben?«

Unsere Zukunft, wir kennen sie nicht ... und wir besitzen keine Macht, etwas uns Unbekanntes zu verändern. Wir besitzen aber die Macht, uns und unser Heute zu verändern, zu verbessern, aus Fehlern zu lernen.

Zu tun oder nicht zu tun. Zu sein oder nicht zu sein. Und da die Zukunft aus den vielen Augenblicken unserer Gegenwart, unseres Jetzt, besteht, verändern wir damit auch sie.

Was das Sein oder Nicht-Sein betrifft: Die sechs goldenen Regeln des Tipota-Prinzips sind Regeln, die aufzeigen sollen, wie wir unser Sein ändern, verbessern können. Vorausgesetzt, wir wollen. Indem wir zum Beispiel gewisse Dinge nicht tun!

Sie kennen sicherlich die belanglosen, oberflächlichen Gespräche auf Einladungen und Partys: »Was machen Sie eigentlich?« (Beruflich ist meistens gemeint.) Und je interessanter, nach Erfolg, Macht und Reichtum anmutender das »Tun« des Befragten klingt, um so interessanter wird dann die Person selbst. Selbst wenn dem nicht so ist!

Ein General Manager ist nun einmal etwas Besonderes. Pilot oder Schauspieler, Politikerin oder Journalistin natürlich auch. Wie wenig zählt da bloß eine Hausfrau, die ihre Kinder großzieht? Ganz gleich, was sie vor ihrer Mutterschaft studiert, welchen Beruf sie ausgeübt hat. Auch wenn sie vor der Geburt ihrer Kinder Chirurgin, Rechtsanwältin war oder Wirtschaftswissenschaften erfolgreich studierte.

»Nur« Hausfrau sein hat den Beigeschmack von »keine Arbeit« haben. Die wenigsten Menschen – meistens Männer – sind sich bewusst, dass eine gewissenhafte und aufopfernde Hausfrau genauso ein »Manager« ist wie der Leiter ein Unternehmens. Etwas anderes als ein kleines Unternehmen ist ein Haushalt auch nicht. Nur, dass eine Hausfrau und Mutter nicht um 17 Uhr »nach Hause« geht, nicht regelmäßig bezahlt wird und keinen rechtsmäßigen Anspruch auf Urlaub genießt. Und die ihre »Mitarbeiter«, die Familienmitglieder, Tag und Nacht betreut. Kocht, putzt, hegt, pflegt. Eine Firma könnte sich so einen »Allround-Manager« gar nicht leisten!

Ich glaube, es ist an der Zeit, auch diese Fehl-Urteile abzulegen. Zeit, dass wir zu unserem wirklichen Sein zurückkehren.

Und ganz einfach nur *sind*!

Unser Da-Sein, unser Leben ist eine Kunst – Lebenskunst!

Das »Produkt« von Kreativität ist Kunst, wobei natürlich ein jeder von uns darunter etwas anderes versteht. Die Vielfalt in unserem Leben ist von ununterbrochener Veränderung gekennzeichnet. Was heute noch Kunst ist, das kann morgen schon Kitsch sein ... was heute erstrebenswert erscheint, das langweilt uns vielleicht in dem Augenblick, da wir es haben.

Und Lebenskunst? Verstehen wir auch alle das Gleiche darunter?

Als Lebenskünstler bezeichnet man einen Menschen, der das Glück des Lebens nicht im ständigen Streben nach vielleicht unerreichbaren Zielen sucht, sondern das Sein zunächst nimmt, wie es ist. Er nimmt sich viel Zeit, wo er kann, er genießt es zu leben, wo dies eben angemessen und möglich ist, und kommt oft mit Wenigem aus, um dennoch daraus einen großen Nutzen zu ziehen – geistig, körperlich, künstlerisch, intellektuell und emotional.

Der Lebenskünstler betrachtet sein Leben als Gesamtkunstwerk, das seinen Sinn in sich selbst hat, und nicht den Zweck, als Vorbild andere Menschen zu »missionieren«. Sein Auftreten und seine Lebensweise erwecken wegen der Ablehnung des allgemein verbreiteten Leistungsdenkens einerseits Argwohn und Neid. Andererseits bringt man seiner Fähigkeit, ein erfülltes Leben im Hier und Jetzt zu führen, aber auch fasziniertes Staunen entgegen.

»Kunst« kann man im herkömmlichen Sinn von »können« ableiten, wenngleich der Dichter Nestroy es anders sieht und so ausdrückt: »Kunst ist, wenn ich etwas mache, das ich nicht kann. Denn wenn ich mache, was ich kann, dann ist es ja keine Kunst mehr.«

Etwas sehr gut können. Etwas, das schwer ist, nicht jedermann kann. Etwas Außergewöhnliches schaffen, kreieren können. Leben können ... das Leben genießen können. »Wer nicht genießen kann, der wird irgendwann ungenießbar«, sagt ein altes Sprichwort. Darum genießt ein Lebenskünstler das Leben und ist sich in jeder Phase seines Daseins bewusst, dass wir Menschen Sorgen und Probleme nicht *haben*, dass wir uns diese selbst *machen*!

Lebenskunst ist erlernbar. Es beginnt damit, dass man sich selbst akzeptieren lernt – und damit auch andere. Dass man sich nicht zu wichtig nimmt, nicht vorwiegend in der Vergangenheit lebt und ausschließlich für die Zukunft plant.

Gestern ist vorüber, morgen noch nicht da. Leben heißt, im Heute, im Jetzt sein, oder wie Goethe sagt: »Nichts ist wichtiger als der heutige Tag.« Denn jeder Augenblick des Jetzt, jeder Moment, da Sie dieses Buch lesen, ist bereits der Beginn der Zukunft, des »Morgen«. Und nichts wird mehr wieder so sein, wie es eben noch war!

Ein Lebenskünstler jagt nicht hinter unerfüllbaren Vorstellungen, maßlosen Wünschen einher. Er verbeißt sich nicht in Selbstkritik an seinen Schwächen, Mängel, Fehlern ... und er prahlt nicht mit der Macht seiner eventuellen Stärken.

Er weiß, dass er ob seiner Stärken bewundert und wegen seiner Schwächen geliebt wird. Das ist doch, was wir alle mehr oder weniger wollen, nicht? Unser Leben genießen, so wie der alte Fischer in folgender Geschichte:

Ein junger Mann, ein erfolgreicher Manager, gerade als Tourist auf der wunderschönen griechischen Insel Korfu angekommen, ging am Strand spazieren und genoss die wohlige Wärme der abendlichen Sonnenstrahlen. Auf einem kleinen Bootssteg saß ein Fischer, die Angelrute weit von sich gestreckt und neben ihm ein voller Korb mit herrlichen Fischen, die er bereits gefangen hatte.
Bewundernd beobachtete der junge Mann den alten Fischer, der vor sich hindöste, entspannt in seinen Stuhl zurückgesunken war und nur von Zeit zu Zeit einen frisch gefangenen, zappelnden Fisch von seiner Angel nahm und in den Korb warf. Ein Bild des Friedens.
Nach einer Weile hielt es der junge Mann nicht mehr aus, und er sprach den Fischer an. »Entschuldigen Sie, dass ich Sie störe, aber ich finde es toll, wie viele Fische es hier gibt. Sie könnten sich doch alleine schon mit dem heutigen Fang ein kleines Boot kaufen und draußen auf dem Meer noch viel mehr fangen.«
Der alte Fischer sah den dynamisch dreinblickenden jungen Mann lächelnd an und erwiderte kurz: »Ja und dann?«
»Na dann ...«, der junge Mann wurde ganz aufgeregt, »... dann könnte Sie sich schon nach kurzer Zeit vermutlich ein größeres Boot mit eigener Besatzung kaufen und noch mehr Fische fangen.«»Ja und dann?«, war wieder die kurze Frage des Fischers, während er sich genussvoll seine Pfeife anzündete.
»Dann ...«, fuhr der junge Manager geschäftsbewusst fort, »... dann können Sie sich bald eine ganze Flotte an Fischerbooten leisten und die ganze Insel mit ihren Fischen beliefern. Und mit dem verdienten Geld könnten Sie sich sogar eine eigene Fischfabrik bauen.«
Der alte Fischer blies Rauchwölkchen in die Luft und sah ihnen nach. »Ja und dann?«
»Dann wären Sie mit einem Schlag ein reicher Mann. Könnten tun und lassen, was Sie wollen. Ihr Leben genießen, nur zu arbeiten, wann sie wollten – oder gar nicht. Wäre das nicht toll?«
»Natürlich«, antwortete der alte Fischer weise lächelnd, »natürlich wäre das toll. Aber was glauben Sie, mein Freund, was ich gerade jetzt tue?«

Vergeben, vergessen, verlernen = nichts »nach-tragen«

Wir kennen sie alle, die nachtragenden Menschen. Nur allzu oft neigen wir selbst dazu, nach-tragend zu sein. Nicht vergeben oder vergessen wollen. Es fällt uns leichter, böse auf jemanden zu sein, als ihn zu akzeptieren und zu lieben.

Das fängt bei uns selber an. Hassen wir uns nicht hin und wieder, weil wir dies oder jenes gesagt, getan haben? Und können uns selbst nicht vergeben, verzeihen?

Das Wort »Hass« als Dualität, als Gegensatz von »Liebe«, wird sehr oft falsch verwendet – nämlich dann, wenn wir ganz einfach etwas nicht akzeptieren wollen, mit einer Situation, einer Person, nicht einverstanden sind. Und uns darüber ärgern. Das ist aber nicht hassen, das ist nicht nach-tragend sein!

Wirklicher Hass ist eine negative Charaktereigenschaft, die von Gefühlen oder – viel ärger – vom Verstand geleitet werden kann. Oder vererbt wird durch Irrglauben, Sippenhaftung in Familien, wo der Hass auf andere von einer Generation auf die andere weitergegeben wird und dann in Mord und Totschlag endet. In fanatischen Glaubenskriegen und den unseligen Terrorattacken unseres Jahrhunderts ...

»Hassen heißt, unablässig zu morden«, sagte schon der spanische Philosoph Jose Ortega y Gasset. Hasserfüllte Menschen zeigen eine besondere Art der Befriedigung und Spaß an ihrem Hass und an ihren Feindseligkeiten, die ihren wahren Ursprung in den Personen selbst und einem oft verschleierten »Selbsthass« haben. Und die Personen wissen das auch.

Vergeben, verzeihen

Vergeben und vergessen, nicht nach-tragend sein, sind wunderschöne, positive Charaktereigenschaften, die es wert sind, praktiziert zu werden. Sie haben sehr viel damit zu tun, dass wir uns ganz einfach nicht zu ernst nehmen und unsere Fehler akzeptieren lernen. So, wie wir auch die Fehler unserer Mitmenschen akzeptieren sollen. Und aus Fehlern lernen, denn das ist deren tieferer Sinn.

»Der Schwache kann nicht verzeihen, vergeben ...«, sagte schon Mahatma Ghandi, »Verzeihen-Können ist die Eigenschaft des Starken!« Vergeben, verzeihen ist mindestens so schwer wie das kreative Nichts-Tun. Aber ebenso erlernbar. Wie alles in unserem Leben.

Hassgefühle können jeden Menschen ur-plötzlich »überfallen«, davor ist niemand gefeit. Vor allem auch positive, lebensbejahende Menschen, die in Situationen kommen, wo ihre Ideale, ihre Lebenseinstellung, geliebte Menschen bedroht, gefährdet werden oder ihnen Schaden zugeführt worden ist.

Wenn wir in eine Situation der reaktiven Hass-Erregung kommen, dann liegt es an uns, wie weit wir uns damit abfinden und uns dem Hass-Gefühl hingeben (negatives Nichts-Tun) oder dieses bekämpfen und so dazu beitragen, dieses energiezerstörende, negative Gefühl aus unserem Leben zu verbannen und zu verhindern, dass es eine krankhafte Charaktereigenschaft wird.

Versuchen Sie es in drei einfachen Schritten:

Nehmen wir an, ein Freund, eine Freundin, dem/der Sie vertraut hatten, hat Sie um etwas betrogen, das für Sie einen Wert hatte. Das kann Geld sein oder Zeit, aber noch viel schwieriger, das kann auch ein Gefühl sein. Liebe zum Beispiel.

1. Gehen Sie auf Distanz – geistig, zeitlich (reagieren Sie nicht sofort) und wenn möglich auch räumlich – zu jener Person, die das Hass-Gefühl in Ihnen erweckte. Vor allem innerlich, geistig, denn es kann ja ein Familienmitglied, ein Kollege, Ihr Vorgesetzter sein, wo eine räumliche Trennung nicht leicht möglich ist.

2. Vergeben Sie, geben Sie »weg«, wie es das Wort ver-geben besagt. Machen Sie ein »Gefühls-Päckchen« und schicken Sie es ab. Packen Sie Ihre Verletzung hinein. Sie soll in Ihrem glücklichen Leben keine wichtige Rolle spielen ... und schicken Sie es an den Absender zurück. An jene Person, die Sie verletzt hat.

3. Stellen Sie fest, warum Sie verletzt wurden, denn bekanntlich geschieht in unserem Leben nichts ohne Grund. Und dieser Grund muss nicht bei Ihnen liegen. Vielleicht ist die Person, die Sie ver-

letzte, selbst verletzt, hasserfüllt, schwach und will ganz einfach von Ihnen Energie gewinnen, indem sie Sie verletzt. Oder stehen Sie einem/einer »Neider/in« gegenüber?

Von dem Moment an, wo Sie die Ursache erkannt und diese auch offen ausgesprochen haben, werden Sie befreit sein. Befreit von dem, was man Ihnen angetan hat. Und vor allem von Ihrem Hass-Gefühl. Die Ihnen abgezogene Energie kehrt wieder zu Ihnen zurück – und die »andere Person« und Ihr Hass haben keine Macht mehr über Sie.

Vergeben ist aktives, bewusstes Nichts-Tun! Ebenso wie Verzeihen, nichts Nach-Tragen. Los-Lassen!

An das wohl bekannteste, aber schwierigste Vergeben – jenes aus der Bibel – sollten wir dabei immer denken: »Vater, vergib ihnen, denn sie wissen nicht, was sie tun!«

Indem wir eine Entschuldigung für das Böse, das uns andere antun, suchen, verschließen wir keineswegs unsere Augen, wir sehen es wohl. Aber verstehen wir auch, warum manches geschieht? Erkennen wir den Anlass, warum der andere gerade so und nicht anders handelt? Vielleicht gar nicht anders handeln kann?

Vergessen

Solange Sie nicht vergeben können, werden Sie nicht frei und glücklich sein, und solange werden Sie auch nicht vergessen können. Das negative Ereignis und Ihr Hass werden in Ihrer Erinnerung gespeichert bleiben, wie auf der Speicherplatte Ihres Computers. Stets abrufbereit und wertvollen Speicherplatz belegend. Speicherplatz, den Sie mit Glücksgefühlen füllen sollten. Und mit liebevollen Gedanken und Erinnerungen.

Solange Ihr Hass besteht, auch auf Sie selbst, weil Sie vielleicht zu dick sind, zu unsportlich oder weil Sie vielleicht musisch unbegabt, nicht so erfolgreich sind, wie Sie es gerne wären, solange werden sie »nach-tragend« sein. Auch zu sich selbst, und Sie werden unnütze Energie verschwenden. Energie, um ein Päckchen in Ihrem Leben mitzuschleppen, das Sie längst als »unwichtig« deklarieren und abschicken hätten sollen.

Wie sagte der von mir wiederholt zitierte Mahatma Ghandi: »Ein weiser Mensch vergisst oft absichtlich viele Dinge!«

Verlernen

Unser ganzes Leben ist ein ständiger Lernprozess. Wir lernen gehen, sprechen, singen, Rad fahren. Alles muss von uns irgendwann einmal, nicht nur in der Kindheit, gelernt werden.

Aber alles, was wir einmal gelernt haben, das Positive wie auch das Negative, kann von uns auch wieder »ver-lernt« werden. Schmerzen, Krankheiten, Süchte, Ängste, sie sind alle »verlernbar« – wenn wir wollen und uns dazu bekennen. »Nichts lernen wir so spät und verlernen wir so früh, als zuzugeben, dass wir unrecht haben«, sagt Marie von Ebner-Eschenbach.

Bewusstes »Verlernen« ist wie das Löschen von nicht mehr benötigten Daten und Informationen auf dem Speicher unseres Computers, das Wegwerfen von überflüssigen Aufzeichnungen, Briefen, Fotos, das »Sich-Befreien« von Altlasten und Ballast, die nicht nur nicht mehr benötigt werden, die uns vielmehr sogar behindern, in unserem Leben weiterzukommen.

Wir lernen auf unterschiedlichste Art und Weise. Bewusst – in der Schule zum Beispiel. Unbewusst von unserer Umwelt, der Gesellschaft, manipuliert oft von den Eltern, Freunden und von den Medien, die uns eine Welt, Wertigkeiten und Bedürfnisse präsentieren, die es eigentlich gar nicht gibt und nur dem subjektiven Interesse von anderen Menschen, von Firmen, Parteien etc. entspricht.

Aber so negativ dies auch klingen mag, so positiv und erfolgversprechend sind die Möglichkeiten, die uns die duale Gegenseite des Erlernens, das »Verlernen«, eröffnen. Nämlich, indem wir wieder bewusst verlernen, was wir in unserem Leben nicht mehr haben wollen, nicht mehr benötigen. Was uns behindert und erschreckt. Abhängig macht und krank!

Etwas nicht tun, bewusst nicht tun, unterbricht den Lernprozess der Wiederholung und der Gewöhnung, auf die unser Gehirn, unser Lernzentrum, ausgerichtet ist.

Um beim Beispiel des Computers zu bleiben: Wenn Sie gelernt haben, Tabellen, Grafiken auf Ihrem Computer zu erstellen, und wenn Sie diese angelernte Fähigkeit nicht regelmäßig ausüben, trainieren, dann werden sie innerhalb kürzester Zeit nur mehr bedingt in der Lage sein, diese Tätigkeit erfolgreich durchzuführen. Sie werden sie »verlernt« haben, was allerdings nicht bedeutet, dass da diese nicht verwendete Tätigkeit, Eigenschaft vollkommen verschwunden ist. Sie ist bloß in den »Papierkorb« Ihres Lebenscomputers gewandert und kann, so gewünscht, wieder aktiviert, hergestellt (»restored« in der Computersprache) werden.

Es sei denn, Sie entleeren auch Ihren »Papierkorb« regelmäßig und befreien sich endgültig von allem Negativen und deren Macht! Auch von Dingen, die Sie fälschlicherweise für wichtig halten oder geglaubt haben, sie seien wichtig. Die man Ihnen vielleicht eingeredet hat, dass sie für Sie wichtig sind.

Blicken Sie kurz zurück in Ihrem Leben. Die Vergangenheit kann Ihnen nicht sagen, was Sie tun sollen, aber sie kann Ihnen sagen, was Sie lassen müssen – also nicht tun!

Nicht ärgern – freuen!

Nach Neid und Eifersucht, was liegt näher, als sich mit dem »Resultat« von beidem, nämlich dem Ärger, zu beschäftigen? Und damit auch mit Zorn, Wut, Tobsuchtsanfällen, Jähzorn – »niedere Gefühle«, die uns nur unsere wertvolle Energie rauben. Ärger kann man über alles empfinden, wenn man will. Ärger über andere Menschen, Situationen ... und vor allem Ärger über sich selbst.

Ärger und Freude sind zwei Gegenpole, Dualitäten, wie wir festgestellt haben. Die Abwesenheit des einen ermöglicht die Anwesenheit des anderen. Ärger ist nachweislich Energieverlust. Eine Stunde Ärger am Tag benötigt die Energie von acht Stunden entspannter Arbeit. Welche Vergeudung, vor allem wenn man bedenkt, dass zu 80 % die Ursache für unseren Ärger bei uns selbst liegt.

Wir selbst sind die Menschen, über die wir uns in unserem Leben bewusst oder unbewusst am meisten ärgern! Und dabei verändert Ärger nichts! Er macht alles nur noch schlimmer. In und um uns herum!

Ärger verändert nie die Ursache für unseren Ärger. So sehr wir uns auch ärgern, Tobsuchtsanfälle bekommen, aggressiv werden ... die Ursache bleibt bestehen oder wird sogar noch schlimmer. Denn der Zorn, die Aggressivität, die wir aus Ärger entwickeln, die verpufft als wertlose Energie.

Dafür aber hat unser Ärger negative Auswirkungen auf unseren Körper. Herz, Leber, Magen ... sie werden in ihrer Funktion beeinträchtigt, gestört, was mit entsprechenden Symptomen, mit Magenbeschwerden, Schwindelanfällen, Kopfweh etc., verbunden sein kann. Bis hin zu Sprechstörungen! Und diese körperlichen Beeinträchtigungen erzeugen schon wieder noch mehr Ärger in uns ... ein teuflischer Kreislauf, den wir selbst in Gang gebracht haben. Weil wir uns ärgern *wollen*!

Ja, wir wollen uns ärgern, denn wo steht geschrieben, dass wir uns zum Beispiel über eine Fehllieferung einer Firma, über Unpünktlichkeit des Partners oder Arbeitskollegen ärgern *müssen*?

Ärger entsteht in uns durch Enttäuschung, Unzufriedenheit, zu hohe Erwartungen, falsche Einstellung uns, anderen Menschen und Situationen gegenüber – und fehlenden Selbstwert.

Instinktiv wissen wir das, und das ärgert uns schon wieder.

Ärger erzeugt wie Angst ein Stresshormon in uns. Und das bereitet uns entweder auf Flucht oder Kampf vor. Und wir ziehen meistens den Kampf, die Aggression vor ... denn immerhin haben wir ja einen Gegner, ein Opfer vor uns. Den Erreger unseres Ärgers ... selbst wenn wir das selbst sind!

Und an dem lassen wir unsere Wut, den Zorn, die Enttäuschung aus. Die Lösung?

Abgesehen von Kamillentee, Baldrian-Perlen und anderen uns beruhigenden Mitteln (Bachblüten) bieten sich drei Lösungsmöglichkeiten an:

1. Werden Sie sich Ihres Ärger-Potenzials sowie der Tatsache bewusst, dass Ihnen Ihr Ärger Lebensenergie raubt. Werden Sie sich bewusst, dass Ihr Ärger nichts ändert, nur schadet – selbst Ihrem Körper. Werden Sie sich auch ganz deutlich bewusst, dass nicht andere Sie ärgern, sondern dass Sie sich über andere ärgern. Das ist ein riesengroßer, alles entscheidender Unterschied!

2. Der Grund Ihres Ärgers liegt darin, dass Sie eine falsche Einstellung gewissen Menschen, Situationen, Dingen gegenüber haben. Wir Menschen gehen davon aus, dass alles unseren Vorstellungen und Erwartungen entsprechen muss. Trifft dies nicht zu, sind wir enttäuscht, verärgert ... wütend. Zornig darüber, dass es nicht zutrifft, was wir erwartet haben.

Wir erwarten also, dass unser Partner, Arbeitskollege pünktlich ist. Würden wir es nicht erwarten, würden wir uns über 15 Minuten Verspätung nicht ärgern ... denn ändern können wir die Verspätung (und oft auch unsere Partner/Kollegen) ohnehin nicht. Aber uns und unsere Einstellung, Vorstellung, die können wir ändern. Zum Vermeiden von unnützem Ärger ... was allerdings nicht heißen soll, dass wir phlegmatisch alles akzeptieren, was andere in unserem Leben tun.

3. Werden Sie sich der Verursacher Ihres Ärgers bewusst. Machen Sie sich eine Liste mit folgenden Informationen: Was ärgert mich an mir selbst? Was ärgert mich bei anderen Menschen? Und erstellen Sie nachstehende »Ärgernis-Liste«:

WAS ÄRGERT MICH AN MIR?

Was ärgert mich?	Warum ärgert es mich?	Mögliche Lösungen
Bin zu gutmütig, sage zu oft »ja«, obwohl ich »nein« sagen sollte.	Werde ausgenutzt und für naiv gehalten. Werde mit Arbeit überladen, übergangen und zu wenig geschätzt.	Sage öfter »nein« und trete selbstbewusster auf. Stelle Prioritäten auf ... und teile diese den anderen mit.

WAS ÄRGERT MICH AN ANDEREN?

Was ärgert mich?	Warum ärgert es mich?	Mögliche Lösungen
Wiederholte Unpünktlichkeit	Ich warte und verliere Zeit. Ich bin ja auch pünktlich. Ist mir gegenüber unhöflich.	Nenne einen früheren Zeitpunkt als geplant und komme das nächste Mal auch später. Nehme es nicht persönlich.

Der Schlüssel zur erfolgreichen Bekämpfung Ihres Ärger-Potenzials liegt in Ihrer Einstellungs- und Vorstellungsgabe. Je niederer wir unsere Erwartungen ansetzen, desto geringer sind die Möglichkeiten, enttäuscht zu werden, denn ein »Nicht-Erfüllen« ist automatisch mit Enttäuschung und Ärger verbunden.

Und damit mit verlorener Energie und vor allem verlorener Lebensfreude!

Und damit wären wir bei der »Freude«, dem Gegenpol zu Ärger und Zorn.

Freude

Freude kommt von »froh«, von Frohsinn, Frohgefühl – Beglückung, und gehört zu der Gefühlsgruppe »Freude, Trauer, Angst und Ärger«. Freude ist laut Friedrich Schiller ein göttliches Prinzip. Was er in der »Ode an die Freude« (»Freude, schöner Götterfunken«) zum Ausdruck gebracht hat ... und Konfuzius mit dem Sinnbild für »Lebens-Freude« (»Der Weg ist das Ziel«) wohl am besten beschrieben und uns auf unserem Lebens-Weg mitgegeben hat.

Wie im Falle von Ärger hat unsere Freude auch mit unseren Vorstellungen und Erwartungen zu tun. Im Gegensatz zu Ärger tritt bei uns jedoch Freude dann auf, wenn unsere Erwartungen und Vorstellungen *übertroffen* werden. Wenn Dinge in unserem Leben eintreten, mit denen wir nicht gerechnet haben, die uns überraschen.

So wie Ärger mit allem und jedem zu tun haben kann, so auch die Freude. Wenn wir wollen, dann können wir uns über alles in unserem Leben freuen ... in Ausnahmefällen und mit der entsprechenden Lebenseinstellung sogar über anscheinend negative Ereignisse, denn immerhin hätte es ja auch noch schlimmer kommen können.

Der Pfad, der zwischen Ärger und Freude liegt, ist schmal. Sehr schmal. Das ist so wie mit dem Glücklich-und-Unglücklichsein. Aber wir wollen ja glücklich sein, wir wollen uns ja freuen. Also müssen wir auch etwas dazu beitragen.

Und dieser »Beitrag« ist die bewusste Steuerung unserer Erwartungen und Vorstellungen und damit auch die Stärkung unseres Selbst-Bewusstseins, wie nachfolgendes Zitat aus dem Buch »Warum der Schäfer jedes Wetter liebt« von Anthony de Mello bildlich veranschaulicht: »Ein Wanderer: ›Wie wird das Wetter heute?‹ Der

Schäfer: ›So, wie ich es gerne habe.‹ ›Woher wisst Ihr, dass das Wetter so sein wird, wie Ihr es liebt?‹ ›Ich habe die Erfahrung gemacht, mein Freund, dass ich nicht immer das bekommen kann, was ich gerne möchte. Also habe ich gelernt, immer das zu mögen, was ich bekomme. Deshalb bin ich ganz sicher: Das Wetter wird heute so sein, wie ich es mag.‹«

Fehler – nichts daraus lernen?

Sich selbst bedingungslos annehmen, sich selbst lieben bedeutet auch, aus Fehlern zu lernen. Diese akzeptieren zu lernen. Wie heißt es? »Ein kluger Mensch macht immer wieder neue Fehler ... und ein dummer immer die selben.«

Ein Fehler ist in erster Linie ein Ereignis, ein Resultat einer »Tat«, mit dem man nicht gerechnet hat. Man hat es ja eigentlich ganz anders geplant. Denn Fehler zu machen, plant man ja nicht. (Mit wenigen Ausnahmen, wo man sie zum Schaden anderer absichtlich macht ...)

Es gibt Fehler, die, erst einmal gemacht, nicht mehr korrigiert werden können. »Ach hätt' ich das bloß nicht getan, gesagt«, heißt es dann. Ein wesentlicher Ausgangspunkt für unser bewusstes Nicht-Handeln! Es gibt aber auch Fehler, die man wieder korrigieren kann.

In beiden Fällen gilt der Grundsatz: Getan ist getan ... doch sollten wir bei allem, was wir tun, darauf achten, dass unsere Fehler nicht wie eine einmal abgeschossene Kanonenkugel unaufhaltsam und unbeeinflussbar ihr Ziel zerstören.

Bei einem Fehler muss aber nicht immer die Tat das Übel für die negativen, unerwarteten Auswirkungen sein. Oft gehen wir Menschen von falschen Überlegungen aus oder wenden falsche Methoden der Planung an, um unser Ziel zu erreichen. Vielleicht wurde aber ganz einfach auch die richtige Maßnahme falsch oder zum falschen Zeitpunkt, mit den falschen Menschen, Werkzeugen durchgeführt.

Einen Fehler zu machen ist gar nicht so einfach. Schon gar nicht, diesen dann auch zu akzeptieren, zuzugeben und ... daraus zu lernen. Denn die Phantasie für Schuldzuweisung ist unermesslich groß!

Nur: Damit machen wir schon wieder den nächsten Fehler. Nämlich, nichts zu lernen. Wir haben dann unseren Fehler eigentlich »umsonst« gemacht. Wir werden ihn immer und immer wieder machen müssen. Solange, bis wir endlich gelernt haben.

Sehen wir uns einmal in unserem Bekannten- und Freundeskreis um: Wir werden uns in vielen unserer Mitmenschen selbst finden. Mit allen unseren Fehlern und Schwächen ... aber auch Stärken. Lernen wir aus beidem. Vor allem, sie zu akzeptieren. Und zu korrigieren, wo immer möglich.

In Anlehnung an ein Zitat von Konfuzius: »Wer einen Fehler gemacht hat und ihn nicht zu korrigieren versucht, der macht einen zweiten ...«

Bitten und helfen

Wir sind auf dieser Welt, um zu lernen. Das ist unumstritten. »Wer nicht mehr lernt, der muss seine Fehler immer und immer wieder machen«.

Trotz unserer relativ kurzen Lebensspanne verbleibt uns genügend Zeit zum Fehler-Machen, zum Bekämpfen von Schwierigkeiten, dem Lösen von Problemen, die ja auch nichts anderes sind als spezielle Lern-Aufgaben.

Auch das richtige Bitten und Helfen besteht aus Lernen. Wir müssen unterscheiden lernen, ob nun jemand wirklich um Hilfe bittet oder bloß einfach bequem ist und gerne Arbeit oder Problemlösungen von Mitmenschen, Freunden getan haben möchte. Ob jemand das »arme Ich« spielt und uns bloß Energie abzieht oder ob jemand wirklich Hilfe benötigt.

Es ist selbstverständlich, dass wir Menschen in sichtbarer Not oder mit augenscheinlichen Problemen helfen, ohne erst darum gebeten zu werden. Wer würde schon warten, bis ein Ertrinkender seine Bitte zu Rettung formuliert hat, ein Kind, das fast von einem Auto überfahren wird, ein Blinder, der in einen ungesicherten Schacht zu stürzen droht. Das ist Hilfe aus Nächstenliebe und Verantwortung.

Wir alle sind nicht gefeit davor, in Situationen zu kommen, wo wir die Hilfe anderer benötigen. Dann sollen wir auch darum bitten, denn alleine mit unserer Bitte öffnen wir uns und lassen Hilfe und Rat zu. Und geben dem anderen die Möglichkeit, uns auch wirklich zu helfen.

Ein schönes Gefühl, helfen zu können, wenn Hilfe angenommen wird. Aber auch eine Verantwortung, die man bereit sein muss zu übernehmen.

Das sind die positiven Seiten von Bitten und Helfen. Aber im Sinne der Dualität gibt es auch die negative Seite, das schon erwähnte Ausnutzen seiner Mitmenschen durch fadenscheiniges Bitten, Faulheit oder Eigennutz. Und das ebenso eigennützige Helfen-Wollen, das »Zwangsbeglücken«, wie wir es nennen. Das unentwegte Aufdrängen von Hilfe, wo Hilfe eigentlich gar nicht erbeten ist.

Das beginnt schon bei der Erziehung unserer Kinder. Wir nehmen ihnen viel ab auf ihrem Weg zum Erwachsenwerden. Manchmal zu viel. So viel, dass unsere Kinder gar nie in die Lage kommen, ihr Lernen zu praktizieren. Zwingst du jemandem deine Hilfe unaufgefordert auf, so nimmst du dieser Person die Möglichkeit des Lernens. Du nimmst ihren Lebenssinn! Lernen wir bitten und lernen wir helfen. Und lernen wir aber auch: *nicht* helfen.

Mischen wir uns nicht in das Leben anderer – unserer Kinder, Freunde, Mitmenschen. Lassen wir sie ihr Leben erlernen. Und hüten wir uns vor den ungebetenen, selbsternannten Helfern und »klugen Ratgebern«, die andere Menschen zwangsbeglücken. Nur allzu oft handelt es sich dabei um Menschen, die von ihren eigenen Problemen ablenken wollen und sich in die Probleme ihrer Mitmenschen als vermeintliche »helfende Hand« einmischen. Oft handelt es sich um Menschen, die selbst jede Menge Hilfe benötigen. In Hilfs- und

Tierschutzorganisationen gibt es viele solcher Menschen, und oft entsteht der Eindruck, da will ein Kranker dem anderen helfen, ohne zu erkennen, dass der erste Schritt stets die Heilung eigener Krankheiten sein muss – und das, ohne als Egoist oder herzloser Mensch angesehen zu werden.

Drehen Sie den Spieß um und helfen Sie diesen Menschen, so Sie können und diese Ihre Hilfe zulassen, was leider oft nicht der Fall ist, da der oder die andere ihr Problem gar nicht erkennen will.

Seien Sie in aller angebrachten Höflichkeit klar und deutlich. Es geht immerhin um Ihr Leben und nicht um den Selbstbestätigungsdrang gewisser Mitmenschen. Denken Sie immer daran, was wir schon als Kind unseren Eltern immer und immer wieder gesagt haben: »Ich kann das alleine ...«

Und sollte dem in Ihrem Leben wirklich einmal nicht so sein, dann bitten Sie ganz einfach und seien Sie dankbar für die Hilfe, die Sie dann bekommen. Von wem auch immer! Und achten Sie darauf, die Hilfe auch als solche zu erkennen und nicht als Selbstverständlichkeit abzutun!

Wenn man sich dem Selbstmitleid hingibt, mit sich und seinem vermeintlichen Schicksal hadert, Gott und die Welt dafür verantwortlich macht, dann besteht die Gefahr, dass man angebotene Hilfe gar nicht als solche erkennt. Oder dass man sich in die fixe Idee verrennt, die erhoffte und dringend benötigte Hilfe müsse von einer ganz bestimmten Person, einer ganz bestimmten Stelle erfolgen.

Auch dann, bei übertriebenen oder falschen Erwartungen, besteht die große Gefahr, enttäuscht zu werden ...

Los-lassen, geschehen lassen ...

»Etwas loslassen heißt, die Hände frei zu haben«, sagt man. Aber es heißt auch, den Kopf, seine Gedanken frei zu machen von allem Einengendem, Negativem. Frei für folgende, positive und liebevolle Taten ...

Das Wort »Ge-lassen-heit« sagt es ja schon: »lassen«! Etwas geschehen lassen. Etwas loslassen. Vor allem loslassen, was nicht gelassen macht: Ärger, Angst, Stress, Schuldgefühle.

Betrachten Sie Ihr eigenes Leben und das Ihrer Mitmenschen. Es ist voll von ungewolltem Los-lassen-Müssen. Ja, wir müssen loslassen, ob wir nun wollen oder nicht. Die Eltern ihre Kinder, wenn sie das Haus verlassen auf dem Weg in ihre Selbstständigkeit ... wir, wenn wir von Freunden und Verwandten in der Stunde des Todes Abschied nehmen. Oder sei es das Erlebnis der verschwundenen Katze, der verlorenen Geldbörse oder der Untreue oder Lieblosigkeit unseres Partners oder Freundes.

Gelassenheit können wir nur in uns finden, dort ist sie beheimatet. Gelassenheit ist eine göttliche Tugend, die uns helfen soll, dass wir uns an nichts in unserem Leben klammern. Dass wir uns stets bewusst sind, dass wir alles nur geliehen bekommen haben. Das heißt aber nicht, dass wir alles hier auf Erden, allen Besitz und alle Güter, verschenken, verschleudern müssen, um Gelassenheit zu erlangen.

»Der Acker, den wir pflügen ... der nur eine Weile uns gehört ...« singt Udo Jürgens in seinem Lied »Ich glaube«.

Zu erkennen, dass nichts so wichtig ist, wie es scheint. Was immer es auch sein mag ... nur wir, mit unseren Erwartungen und Vorstellungen, bestimmen den Wert. Niemand sonst. Wir können bekanntlich nichts mitnehmen aus unserem Leben. Ganz gleich, wie reich wir gewesen sein mögen.

Ein ganz wesentlicher Grundsatz zum Erlangen von Gelassenheit ist auch ein »Nichts-Prinzip«: Nichts schafft mehr Gelassenheit als sich klar zu werden, dass wir nie wissen, wozu etwas gut ist, das uns widerfährt. Oder mit anderen Worten: Jedes Ereignis, jeder Schicksalsschlag, jeder Gewinn, aber auch jeder Verlust verändert unser Leben ... aber wir wissen nie, wie.

Es gibt zwar ein »theoretisches« physikalisches Vakuum, wie wir gelernt haben. Ein »Lebensvakuum« gibt es aber nicht, denn in unserem Leben wird jede Leere, jeder Verlust unverzüglich aufgefüllt.

Selbst nach unserem »größten Verlust«, dem unseres Lebens, also nach unserem Tod ... selbst da folgt etwas, von dem wir nicht wissen, was.

Gelassenheit als Lebensgefühl kann man lernen, etwa durch Ehrlichkeit, dadurch, dass man keine Angst mehr vor aufgedeckten Lügen hat. Lernen auch durch Humor, der uns hilft, die Dinge – und vor allem uns – nicht so wichtig zu nehmen, wie sie auf den ersten Blick zu sein scheinen.

Gelassenheit ist das Gegenteil von Unruhe, Stress, Angst, Aufregung. Geduld und Muße (= bewusstes Nichts-Tun) sind Energiespender für unsere Gelassenheit, die sich in Zufriedenheit und Selbstsicherheit ausdrückt und unser Leben bereichert.

Das Vermeiden, das bewusste Nicht-Tun des einen ist die Basis für das andere: das Loslassen, Wegschicken von allem, was uns hindert, gelassen zu sein. Nicht trauern, dass man etwas verloren hat ... sich freuen, dass es gewesen ist.

Mit innerem Vertrauen und der Zuversicht werden wir im Leben zwar nicht immer das bekommen, was wir wollen, aber immer das, was wir brauchen.

Mit unserer Liebe zu uns selbst, zu unserem Leben und zu anderen Menschen gleichermaßen.

Gelassenheit lässt uns in schwierigen Zeiten und Situationen ruhig sein, einen ruhigen Kopf bewahren, wie wir sagen. Die Voraussetzung dafür jedoch ist, dass wir uns und die Menschen mögen. Dass wir akzeptieren, gelernt haben, dass unser Leben auch Schmerzen bringen kann. Bei jedem Menschen kann »Glück« etwas anderes bedeuten. Auch die Vorstellungen von Gelassenheit sind von Mensch zu Mensch verschieden.

Wie ist das bei Ihnen? In welchen Situationen, bei welchen Ereignissen möchten Sie zum Beispiel gelassener sein? Schreiben Sie sich einige der für Sie wichtigsten Wünsche an Ihre Gelassenheit auf ... und vergleichen Sie diese mit der Liste von Seite 166.

Sie werden vermutlich viele Übereinstimmungen erkennen, denn Ärger, das »Sich-Ärgern« ist es ja, das uns bei unserer angestrebten

Gelassenheit in erster Linie stört. Beseitigen wir das eine, eröffnen wir Möglichkeiten für das andere.

In jedem Fall hat es aber auch sehr viel mit Geduld, mit innerer Ruhe, Ausgeglichenheit zu tun. Mit der Kunst, sich nicht zu ärgern, und vor allem mit der Kunst, warten zu können.

Geduld – und die Kunst des Wartens

Niemand wartet gerne. Frauen sind dabei etwas geduldiger als Männer, wie die Statistik sagt. Warten ist in unserer Zeit – so wie das bewusste Nichts-Tun – negativ besetzt.

Hat man früher noch auf die Antwort eines Briefes warten können ... heute wird man schon nervös, wenn eine E-Mail nicht innerhalb von Minuten beantwortet wird. Von Handys schon gar nicht zu reden!

Warteschlangen an den Kassen von Supermärkten, wo man angeblich »schnell einkaufen« kann ... rote Ampeln, an denen »schnelle Sportautos« stehen ... lange Wege zu den Flughäfen und dort noch längere zu den Flugzeugen ... um noch »schnell wegfliegen« zu können. Eine absurde Welt haben wir uns geschaffen.

Wir wollen ganz einfach alles schnell, wenn geht gleichzeitig, haben. Warten wird von uns gleichgestellt mit vertaner, ungenutzter Zeit. Mit Fremd-bestimmt-Werden. Stimmt alles, wenn wir es zulassen. Müssen wir aber nicht.

Denn wir bestimmen, ob unser Reisen aus Warten und Hetzen besteht. Ob wir in Supermärkten einkaufen, wo es regelmäßig Warteschlangen an den Kassen gibt, zu Beginn der Hauptreisezeit uns auf den Autobahnen in den Süden stauen wollen (nur um »früher« am Ziel zu sein ... wie wir irrtümlich glauben). Oder ob wir zu einem Arzt gehen, der für dieselbe Uhrzeit fünf Patienten »eingeplant« hat.

Warten wird uns in unserem Leben nie erspart bleiben, und das ist auch gut so, glauben Sie mir. Vorausgesetzt, wir haben gelernt, damit umzugehen und lassen nicht zu, dass Warten für uns zum Stressfaktor wird.

Wenngleich wir nicht gerne warten (weil wir es verlernt haben, im Augenblick, im Jetzt zu leben), so schätzen wir es doch, wenn man auf uns wartet. Wenn man uns damit Respekt erweist, Hochachtung ... denn auf Unbedeutendes und Unwichtiges warten wir ja nicht. Das kann allerdings leider auch dazu führen, dass man Bedeutung und Wichtigkeit von seinen Mitmenschen erzwingt, indem man sie warten lässt. Bewusst, um eine Person (sich?), eine bestimmte Situation, wichtiger zu machen, bedeutender, als sie tatsächlich ist.

Warten ist eine »Zeitkrankheit«, die aber auch negative wirtschaftliche Auswirkungen hat. Denken sie nur an das unnütz im stehenden Verkehr verbrauchte Benzin, die Millionen an Euro, die von Fluglinien mit ihren in der Warteschleife auf die Landung wartenden Flugzeugen »verbrannt« werden ... von den Umweltschäden möchte ich gar nicht reden.

Aber wie gesagt: Warten kann, sinnvoll genutzt, überaus positiv und »verbindend« sein. Warten ist eine Zeit, die man für sich selbst nutzen kann – zum Beispiel mit bewusstem Nichts-Tun, sich entspannen, die Ruhe und Inaktivität unseres Körpers genießen. Ein Buch lesen, ebenso wie seinen kreativen, ideenreichen Gedanken nachgehen. Los-lassen vom Alltagsstress ... sich nicht über das Warten ärgern, froh sein, dass man überhaupt in der glücklichen Lage ist, noch warten zu können, und mit dieser »Jetzt-Zeit« etwas anzufangen weiß.

Unzählige Entdeckungen und Erfindungen wurden schon gemacht, während Menschen »gewartet« haben ... nicht auf das, was in Zukunft geschehen wird. Auf nichts! Geschehen lassen, was eben gerade geschieht. Im Jetzt. Buddhas Erleuchtung unter dem Baum oder der Apfel, der gemäß der Legende Newton auf den Kopf fiel ...

Beobachten wir einmal unsere Mitmenschen, die mit uns warten. Sie haben das gleiche »Problem« ... sie müssen warten. Und wie immer, wenn Menschen das gleiche Problem haben, dann verbindet das. Gespräche, Kontakte entstehen ... man leidet ja zusammen. Und geteiltes Leid ist halbes Leid, heißt es. Und: »Das Unterhaltsamste am Warten sind andere Menschen«, sagt man.

Und ob es tatsächlich ein »Leid« ist, das verbindet, das bestimmen ganz alleine wir.

Warten – bewusstes Nichts-Tun

»Tut mir leid, dass ich Sie habe warten lassen ...« Diese Entschuldigung, die genau genommen gar keine ist, die kennen wir alle. Meistens leere Worte von Menschen, denen die Warte-Zeit anderer ziemlich egal ist. Solange sie selbst nicht warten müssen.

Die beste Antwort darauf lautet: »Kein Problem für mich. Habe es richtig genossen, einmal bewusst nichts zu tun und mich zu entspannen. Keine Hektik, kein Telefon. Das tut gut.«

Glauben Sie mir: So ist es auch! Sie werden überrascht sein, wie Sie mit dieser unerwarteten Antwort an Energie gewinnen und jener Person, die Sie, bewusst oder unbewusst, warten ließ, ihre Macht über Sie und Ihre Zeit nehmen. Sie dokumentieren auch, dass Sie Ihre Zeit bestens genossen haben und Personen, die ein schlechtes Gewissen haben, weil sie sich der von ihnen verursachten Situation bewusst sind, bieten Sie eine helfende Hand zum Abbau ihres Schuldgefühls.

Damit Sie wirklich kein Problem mit Warte-Zeiten haben und diese in bewusstes Nichts-Tun verwandeln können, sollten Sie folgende Ratschläge beherzigen.

- Ärger ist unangebracht. Denn Ihr Warten verfolgt ja ein Ziel, welches es auch immer sein mag. (Arzttermin, Rendezvous, Abflug des Flugzeuges ...)
- Gehen Sie stets davon aus, dass Sie warten werden müssen, und seien Sie darauf vorbereitet. Sie wissen ja, 80 % aller Erwartungen treffen nie ein und Sie werden erfreut sind, wenn dies auch bei der »erwarteten Warte-Zeit« so ist.

- Müssen Sie dennoch warten: Sie haben sicher die eine oder andere Vorliebe, der Sie jederzeit auch beim Warten nachgehen können.

Das können Entspannungsübungen sein, ein CD-Player mit Ihrer Lieblingsmusik, ein Magazin – oder ein Buch wie bei mir, der ich nie ohne mein aktuelles Lieblingsbuch zum Arzt, zu einem Termin oder auf Reisen gehe. Sie bestimmen, womit Sie die Wartezeit ausfüllen wollen – oder nicht.

- Bedenken Sie stets, dass Wartezeit nicht vertane Zeit sein muss, und dies nur dann ist, wenn Sie in Ärger und anwachsender Aggression alle Ihre Gedanken auf die so langsam/oder schnell, je nachdem, verstreichende Zeit konzentrieren und sich vormachen, was Sie alles in derselben Zeit tun könnten. Damit machen Sie sich nur unglücklich und unzufrieden. Sie sich selbst!

Nachdem es in unser aller Macht steht, auch andere warten zu lassen, sollten wir stets auch bedenken, dass wir sehr oft unnötige Warte-Zeit anderer verursachen. Und sollten wir diese nun einmal nicht vermeiden können, dann hilft es immer, wenn wir unseren Mitmenschen die Warte-Zeit so angenehm wie nur möglich gestalten.

Die Wartezimmer der Ordinationen und Ämter sind voll von Menschen, die die Kunst des Wartens nicht beherrschen. Die mit Bergen an Gratismagazinen und Fachzeitschriften vielleicht über »die Evolution der Maikäfer« nun einmal wenig anfangen können ...

Versetzen wir uns in deren Situation und freuen wir uns über eine Arzt-Ordination, wie bei meinem Hausarzt, der seinen Patienten in einer kleinen Buchvitrine überaus interessante Bücher zum Schmökern anbietet. Ich muss gestehen, das eine oder andere Buch hab ich mir danach sogar gekauft ...

Ein anderer wiederum hat einen kleinen Fernseher in seinem Wartezimmer und zeigt unterhaltsame, lustige oder interessante Videos und weiß, dass er damit die Warte-Zeit seiner Patienten »verkürzen« hilft oder dazu beiträgt, dass nicht mit jeder Warteminute die Angst oder Unsicherheit der Wartenden vor der bevorstehenden Behandlung oder Untersuchung (nicht nur beim Zahnarzt) abbaut oder ganz vermeidet.

Nichts er-warten

Wir warten stets auf etwas. Wir warten darauf, dass eintritt, was wir »er-warten«. Erwarten ist grundsätzlich ein sich Entfernen aus der Gegenwart und ein Herbeisehnen/Wünschen einer veränderten zukünftigen Situation. Dass schon jetzt das geschieht, was wir von der Zukunft »erwarten«. Glück, Reichtum, Liebe, Ruhm ...

Wir konzentrieren alle unsere gedankliche Energie auf unser Wunschbild ... und vergessen dabei, in der Gegenwart, im Augenblick zu leben. In Gedanken haben wir bereits den Supermarkt verlassen und fahren nachhause, sitzen schon vor dem Fernseher oder sind bereits an unserem Reiseziel angekommen, noch bevor wir überhaupt abgereist sind. Dass wir nicht schon längst dort sind, das ärgert uns, denn eigentlich wollen wir ja schon »dort sein«.

Erwartung ist eine Illusion. Ein Wunschgebilde der Zukunft ins Jetzt transferiert. Und bis eintritt, was wir erwarten, vergeht Warte-Zeit ... verlorene Zeit, wie wir glauben, weil wir gelernt haben, erzogen wurden, dass Zeit nicht verloren gehen soll und stets mit Aktivitäten »gefüllt« werden muss. Und anstatt den Augenblick zu genießen, zu erleben, konzentrieren wir uns auf die Zeit, die verstreicht, ohne dass wir, wie wir glauben, etwas Produktives getan haben. Und wir werden ungeduldig, nervös, oft auch aggressiv. Die körperliche Energie, die wir gerne für Aktivitäten verwenden wollen, aber nicht können, richtet sich gegen uns selbst ... und wir lassen es zu.

Wenn wir erwarten, dann warten wir. Dass etwas so geschieht, wie wir es uns wünschen, vorstellen. Oder wir erwarten, dass Menschen, Situationen so sind, wie wir sie haben wollen. Dass wir so erfolgreich, schön, glücklich, reich ... sind. So, wie wir es uns in unserem Phantasiegebilde vorstellen. Dass unser Partner uns die Liebe und die Beglückung gibt, die wir von ihm erwarten.

So werden Ehen geschlossen und Kinder gezeugt – in der Erwartung, dass Schönheit, die gegenseitige Liebe und sexuelle Erfüllung ewig anhalten werden. Und dann muss vielleicht der enttäuschte junge Mann feststellen, dass die Liebe seiner Frau nun dem gemeinsamen Kind und nicht mehr ihm gilt. Dass er eine »Rolle« im Familienleben zugeordnet bekommen hat, in der es für ihn zwar eine liebevolle Mutter, aber keine Ehefrau mehr für ihn gibt. Das hat er nicht er-wartet!

Immer mehr Ehen und Partnerschaften, Freundschaften und Geschäftsbeziehungen zerbrechen an unerfüllten Erwartungen. Oder die Beziehungen bleiben bloß formell bestehen, weil nun jeder seinen eigenen Weg geht und seine Erwartungen anderweitig zu erfüllen sucht. Oder wartet und erwartet, dass sich der Partner ändern wird. So viele Menschen sind so auf der Suche nach dem Idealpartner, ohne sich je zu fragen, ob sie selbst ein Idealpartner sind.

80 % aller Erwartungen, negativ wie positiv, treten nie ein, haben wir festgestellt. Aber wir warten und erwarten. Meistens vergebens. Oft schon aus Gewohnheit. Und mit der zunehmenden unerfüllten Warte-Zeit wächst auch unsere Unzufriedenheit, die Kritik an uns, an unserem Partner, der Familie, dem Beruf ... dem ungerechten »Schicksal«. Der Kreislauf eines von uns selbst geschaffenen unzufriedenen, unglücklichen Lebens schließt sich.

Weil die von unserer Vorstellung geschaffenen Erwartungen nicht eintreffen, sind wir unzufrieden, unglücklich. Und weil wir unglücklich und unzufrieden sind, halten wir an ihnen fest in der Hoffnung, »mit der Zeit« werde sich schon etwas ändern ...

Von unserem Ziel haben wir uns mit unseren Erwartungen und Wünschen bereits sehr weit entfernt ... haben es aus den Augen verloren ... und haben nicht erkannt, dass das Glück des Augenblicks, das Leben im Jetzt, keine Erwartungen benötigt.

Wenn wir uns mit allen unseren Sinnen auf unser »Da-Sein«,

den Augenblick, konzentrieren, dann ist kein Platz für unerfüllte Erwartungen. Dann ist es erfüllt von Leben.

Er-leben. Und nicht er-warten ...

(Sich) Nicht aufgeben

»Sich aufgeben ist Selbstmord auf Raten«, hat mein Großvater immer gesagt. Und: »Aufgeben tut man nur einen Brief auf der Post, eine Anzeige in der Zeitung, sonst nichts!«

Zeit meines Lebens habe ich mich – bis heute – an den Grundsatz gehalten. Und bin gut gefahren damit. Sei es nun während des ersten Golfkriegs »Desert Storm« in Saudi-Arabien, Terroranschlägen in Ägypten, zwei Krebsoperationen ...

Ich kam mir dabei immer wie der »kleine Frosch« vor, der mit einem zweiten in einen Milchtopf gefallen war. Während der eine jämmerlich ertrunken war, gab der andere nicht auf. Er strampelte und strampelte unaufhörlich, bis schlussendlich aus der Milch Rahm an der Oberfläche geworden war, und er, schwups, aus dem Topf springen konnte.

In die Situation des »Sich-aufgeben-Wollens« kommen wir Menschen durch die »Ausweglosigkeit« der Vergangenheit, »Hilflosigkeit« der Gegenwart und »Hoffnungslosigkeit« der Zukunft ...

Sigmund Freud hat sich schon mit dem »Sich-Aufgeben/Aufgegeben-sein-Komplex« beschäftigt und festgestellt, dass Menschen in dieser Situation gleich empfinden wie bei einer realen Lebensbedrohung, mit jeglichem Verlust von Lustgewinn aus Beziehungen oder Lebensrollen, Selbstentwertung und Erinnern an frühere gleiche negative Aufgeben-Situationen bis hin zum Aufgegeben-Werden von der sozialen Umwelt. Und leider nur allzu oft endet dies im Verlust des »Lebenswillens« oder des Verlustes des »Willens, nicht zu sterben«.

Es gibt Menschen, die aus Trauer sterben, nicht nur bei sehr eng verbundenen Ehepartnern, Menschen in Gefangenschaft oder nach

Katastrophen. In den meisten Fällen handelt es sich dabei um einen vollkommenen Verlust des Selbstbewusstseins und damit des Selbstvertrauens. Man sieht keinen Sinn mehr in seiner Existenz, seiner Zukunft. Man will dafür auch nicht mehr kämpfen und einen weiteren Verlust riskieren.

»Wer kämpft, kann verlieren«, sagt Bertolt Brecht. »Aber wer nicht kämpft, der hat schon verloren!«

»Ich schaffe es ...«

Falls Sie ein kleines Kind, einen Sohn vielleicht, zuhause haben, dann werden Sie die Fernsehsendungen und Videos von »Bob, dem Baumeister« sicher kennen.

Jeder Film beginnt mit der selbstsicheren Feststellung: »Können wir es schaffen? Ja, wir schaffen's!« Mein jetzt vierjähriger Sohn kennt diese Parole in- und auswendig und wendet sie erfolgreich bei allem, was ihm irgendwie kompliziert vorkommt, an. »Viky schafft das ...!« heißt es dann. Und er schafft es tatsächlich, wobei es ihm natürlich nicht so sehr auf das Wie als auf das Geschafft-Haben ankommt.

Selbst wenn wir über kein extrem entwickeltes Selbstvertrauen verfügen, objektiv betrachtet hat ein jeder von uns schon sehr viel geschaffen in seinem Leben und Grund genug, »ja, ich schaff' es« auf seine Fahnen zu schreiben. Warum nicht stolz darauf sein? Warum seine Gedanken und seine Aufmerksamkeit auf das lenken, was uns schwierig erscheint, was wir, wie wir glauben, nie schaffen werden ... und aufgeben. Und damit uns selbst. Mit jeder kleinen »Aufgabe« ein Stückchen mehr ...

Der Philosoph Seneca drückt dies so aus: »Nicht weil es schwer ist, wagen wir es nicht; sondern weil wir es nicht wagen, ist es schwer!« Also, wagen wir es. Wie Bob, der Baumeister und sein Team. »Ja, wir schaffen es!«

Sie haben in Ihrem Leben bedeutend schwierigere Dinge erlernt, spielend, als Kind. Und jetzt wollen Sie aufgeben? Wegen einiger größerer oder kleinerer »Schwierigkeiten«, die ohnehin nur rein subjektiv, von Mensch zu Mensch verschieden, sind? Was für den einen ein anscheinend unüberwindbares Hindernis, ist für den anderen nicht einmal erwähnenswert ... und umgekehrt. Oder aufgeben, weil Sie einen geliebten Menschen verloren haben?

Scheitern können wir immer noch. Na und? Das tun andere auch. Das ist Teil unseres Lebens, dessen wir uns nicht schämen müssen ... und statt uns zu bestrafen, wenn etwas nicht so geschieht, wie wir es erwartet haben, belohnen wir uns doch lieber für geglückte Aktionen. Und von denen gibt es mehr als genug.

»Es gibt mehr Leute, die kapitulieren, als solche, die scheitern«, sagte bereits der berühmte Henry Ford, Begründer der Ford-Autowerke, und drückte damit aus, dass es seiner Erfahrung nach mehr Menschen sind, die etwas erst gar nicht wagen und aufgeben, als jene, die etwas versucht und vielleicht nicht ihr Ziel erreicht haben. Ob man etwas kann oder nicht, weiß man erst dann, wenn man es versucht hat. Ob ein Apfel sauer oder süß ist, wissen wir erst, wenn wir hineingebissen haben.

Ganz gleich, was wir Menschen tun – oder nicht tun –, es erfordert Mut von uns. Mut in Form von »Vertrauen in die eigene Kraft«. Und wie wir festgestellt haben, erfordert bewusstes Nichts-Tun weitaus mehr Kraft, Energie als gewohnheitsmäßiges Handeln, anerzogene Verhaltensmuster, Angewohnheiten, erlernte Aktionen und Reaktionen.

Was immer wir Menschen auch tun, der Ausgang birgt bei allem die Möglichkeit des Scheiterns in sich. Scheitern bedeutet, vielleicht die falsche Entscheidung getroffen zu haben, die falschen Mittel oder den falschen Zeitpunkt gewählt zu haben. Oder – in Hinblick auf bewusstes Nicht-Handeln – vorschnell reagiert, agiert zu haben. In Hast, selbst auferlegtem Druck und Zwang.

Welche Gründe auch immer für unser Scheitern verantwortlich gemacht werden können, auch zum Scheitern benötigen wir Mut. Dazu zu stehen und es als Chance zu sehen. Als Möglichkeit, es besser zu machen – oder gar nicht. Oder zumindest: noch nicht jetzt!

Diese Chance eröffnet sich uns jedoch nur, wenn wir nicht vorzeitig aufgeben und aus Angst vor dem Scheitern erst gar nicht beginnen – mit dem Handeln oder dem bewussten Nicht-Handeln.

Gewaltlosigkeit – sich nicht wehren?

»Die Kraft, die durch Gewaltlosigkeit (dem bewussten Nicht-Handeln) frei wird, ist unendlich mächtiger als die Kraft sämtlicher Waffen, die der Menschengeist je ersonnen hat«, sagte Mahatma Ghandi, »die große Seele«, Leitfigur für Gewaltlosigkeit, der Ahimsa. Ermordet am 30. Jänner 1948 in Delhi durch einen fanatischen Inder. Wie auch der zweite weltberühmte Verfechter der Gewaltfreiheit, Martin Luther King, 20 Jahre nach Mahatma Ghandi (4. April 1968, Memphis, Tennessee) durch einen Mordanschlag ums Leben kam.

Wozu also Gewaltlosigkeit predigen, wenn man dann doch ermordet wird, also der Gewalt erliegt? ... werden Sie sich fragen ...

Nun, Gewaltlosigkeit, ein Prinzip, das Gewalt als Konfliktlösung ablehnt, hat nichts zu tun mit Wehrlosigkeit, Passivität oder Tatenlosigkeit.

Gewaltlosigkeit und die Energie, die Ghandi meinte, zeigt sich am besten in Situationen von aufgestautem Zorn in Verbindung mit Nicht-sofort-Handeln ... Sich-Bezähmen, bewusstes Nichts-Tun, um die damit gewonnene Energie für sinnvolle, gewaltfreie Taten danach zu nutzen. Gewaltlosigkeit ist nicht Feigheit – ganz im Gegenteil. Um so mehr Waffen jemand bei sich trägt, um so ängstlicher ist er – würde er sie sonst benötigen?

Und um noch einmal Ghandi, in etwas abgewandelter Form, zu zitieren: »Wenn der Mensch statt des Tötens von Schädlingen (aller Art, auch von angeblichen Terroristen, Staatsfeinden, Kriegsherren ...) es sich zur Pflicht machen würde, seine Gaben und Erfindungen für andere Taktiken als das Töten einzusetzen, wir würden in einer menschlicheren Welt leben.«

Ein Ideal, ein Wunschtraum?

Aber wie lautete der Beginn Martin Luther Kings wohl berühmtester Rede, die die Bürgerrechtsgesetzgebung von Präsident Kennedy unterstützen wollte: »I have a dream!« Er starb mit diesem Traum, so wie John F. Kennedy. Beide Attentate sind bis heute nicht restlos aufgeklärt und im Dunstkreis von Politik und Geheimdiensten angesiedelt.

Der Traum aber lebt weiter und kann von jedem von uns weiter getragen werden. Das beginnt in der Familie, wo Gewalt und Aggression keinen Platz haben dürfen, bis hin zur größten Familie, der Nation und ihren Politikern, die von uns gewählt werden. Und »gewaltlos« wieder abgewählt werden können, wenn wir den Mut, die Zivilcourage dazu aufbringen und Egoismus, Besitz- und Machtstreben hintanstellen.

Gewalt ist ein Zeichen von Schwäche und der Unfähigkeit, Konflikte auf menschliche Art zu lösen. Gewaltlosigkeit hingegen ist eine der erstrebenswertesten Formen des bewussten Nichts-Tuns. Gewalt zu beseitigen – ein Traum, den zu träumen es wert ist. Gewalt, in welcher Form auch immer – physisch oder psychisch, als Vorwand helfen zu wollen oder als Abbau von Aggression, Schmerz, Trauer, sollte keinen Platz in unserem Leben einnehmen.

Druck erzeugt Gegendruck, Gewalt wiederum nur Gewalt!

Der Klügere gibt (nicht immer) nach ...

Also – »wehrlos« sein? Nein, das würde ich wahrlich nicht raten. Notwehr, die Abwehr von Gefahr und Gewalt, ist eine rechtsmäßige Handlung, die aber nicht besagt, dass man Gleiches mit Gleichem vergelten muss.

Das beginnt nur allzu oft bei Menschen, Gruppierungen, Nationen, die selbst aggressiv sind und die Gewalt des/der anderen nur als

Vorwand nehmen, um ihre eigene Aggression ausleben zu können und sich hinter dem Argument der »Notwehr« zu verstecken. Siehe Golf-, Afghanistan- oder den Irak-Krieg.

So negativ Wut und Aggression sein können – und meistens auch sind, so wertvoll können beide als Energie für unsere Verteidigung sein.

Es meinen nicht alle Menschen auf dieser Welt gut mit uns und unserer Familie, unseren Freunden. Mahatma Ghandis Ashima, die Gewaltlosigkeit, mag hochachtungswürdig sein ... aber ist sie auch weise? Dient es uns und unserem Leben und dem unserer Mitmenschen, wenn Gewalt über Liebe siegt? Wenn, gemäß dem bekannten Sprichwort, der Klügere nachgibt, aber dadurch »der Dumme die Welt regiert«?

Wir kommen alle immer wieder in Situationen, wo es leicht ist, andere, die sich nicht unter Kontrolle haben, zu provozieren. Mit Handlungen, Worten (Handzeichen – Sie kennen ja den »bösen Finger«) die Aggression direkt herausfordern ... und somit mit schuld daran sind, wenn es zu Gewaltanwendung kommt. Der Straßenverkehr bietet uns da jeden Tag hervorragende Gelegenheit und Fälle, wo Mitmenschen von anderen nur wegen eines Parkplatzstreits nicht nur attackiert, sogar erschossen werden.

Die Abwehr von Gewalt beginnt schon bei deren Vermeidung – und da liegt es an uns, bewusst nichts zu tun! Außer, dem Gewalttätigen den Rücken zuzukehren, keine Angriffsfläche zu bieten ... und zu gehen. Nicht noch verbal Benzin ins Feuer der Aggression zu schütten.

Diese Form der »Widerstandslosigkeit« ist nicht Feigheit. Dazu gehört Mut und die Weisheit, zum richtigen Zeitpunkt das Richtige zu tun – oder nicht zu tun. Der feindlichen, gegnerischen Kraft, materiell/körperlich wie auch verbal/psychisch keine »Gegenkraft« entgegenzustellen. Durchlässig für Angriffe sein, widerstandslos sich biegen wie ein Weidenstrauch im Wind, wie die elastischen Flügel von Flugzeugen, die nur so fest und stark aussehen ... wären sie es, würden sie brechen. Diese Kunst des bewussten Nichts-Tuns, die

Weisheit asiatischer Kriegskünstler erfordert mehr Stärke und Mut als die Verwendung jeglicher Gewalt und Waffen.

Mehr als 50 % aller Gewaltakte könnten so vermieden werden … und selbst von der verbleibenden »anderen Hälfte« ist nicht gesagt, dass Gewalt mit (noch größerer) Gewalt vergolten, abgewehrt werden muss.

Die »(Un-)Glücksformel« – oder: Wie man sein (Un-)Glück berechnen kann

Was ist Glück eigentlich? Das Gegenteil von Unglück? Oder dessen Abwesenheit? Ist Glück so was wie Zufall oder gar bloß »Chemie«? Resultat des Botenstoffs Seratonin und des Hormons Dopamin (Ersteres oft als »Glückshormon« bezeichnet, das zweite verantwortlich für unser Wollen und Begehren)?

Nun, die Abwesenheit von Unglück ist eher Zufriedenheit. Dass Glück nicht das Gegenteil von Unglück ist, werden jene Menschen bestätigen können, die gleichzeitig glücklich und unglücklich sind. Väter und Mütter zum Beispiel, die mit Glücksgefühl an ihre Kinder denken und gleichzeitig unglücklich darüber sind, dass ihre Kinder so weit weg von ihnen, vielleicht auf einem anderen Kontinent, leben und sie diese so selten sehen.

Glück ist ein Gefühl und kein Zu-Fall, sondern Folge richtiger Gedanken und Handlungen … oder Nicht-Handlungen.

Ein Gefühl setzt bei uns Menschen Emotionen voraus, wobei diese im Gegensatz zu Gefühlen unbewusst geschehen und Antworten unseres Organismus auf Reize darstellen. Ein lauter Knall, ein bestimmter Geruch, Emotionen werden wach und oft auch als Gefühl wahrgenommen.

Gefühle hingegen erleben wir bewusst und können sie demnach auch erlernen. So wie wir lernen können, an bestimmten Dingen und Situationen, die uns früher Angst gemacht haben, Freude zu haben, damit glücklich zu sein.

Glück kann man erlernen!

Das ist die gute Nachricht. Die schlechte ist, dass dies auch für Unglück gilt. Unsere glückliche oder unglückliche Welt entsteht ausschließlich in unserem Kopf, in unseren Gedanken ... als Ausgangspunkt für folgerichtiges Handeln.

Mit anderen Worten: Wir können nicht entscheiden, einfach glücklich zu sein. Wir können aber Handlungen setzen, als ob wir unser Wunschziel, glücklich zu sein, bereits erreicht hätten (was natürlich auch für unser Unglücklich-Sein gilt).

Wir können, wenn wir wollen – in und mit unseren Gedanken –, einfach *alles*! Oder besser gesagt: Wir könnten es, wenn wir wüssten, wie!

Und wenn wir davon ausgingen, dass ...

1. jede Idee (Eingebung, Intuition), jeder Gedanke, der in den Geist eines Menschen aufgenommen worden ist, das Bestreben hat, sich zu verwirklichen. (Ich bin, was ich denke ...)

2. der Einfluss einer Idee, eines Gedankens, der in unseren Geist aufgenommen worden ist, solange darin haften bleibt, bis sie/er durch eine stärkere Idee/Gedanken verdrängt wird.

3. jede Idee, jeder Gedanke sich entwickelt, und zwar nicht nur durch sich selbst, zu der entsprechenden Handlung, sondern auch noch durch die, sagen wir, »Partnerschaft« mit ähnlichen Ideen und Gedanken.

4. wir nicht zwei Gedanken gleichzeitig denken können!

Jeder seelische Zustand, jeder Gedanke ist unlösbar mit der entsprechenden Handlung – sei es nun bewusst oder unbewusst – verbunden. Das gilt aber auch für von uns künstlich erzeugte Zeichen eines Seelenzustandes, eines Gedanken oder Gefühls.

Mit anderen Worten: Wenn wir so handeln, als ob wir das Gefühl, welches wir zu haben wünschen (zum Beispiel Glück, Zufriedenheit, Liebe) schon hätten ... dann wird, ob Sie, liebe/r Leser/in es nun glauben oder nicht, dieses Gefühl auch früher oder später eintreten.

Und als Gegensatz: Wenn wir handeln wie ein trauernder, einsamer Mensch, dann werden wir uns auch so fühlen. Handeln wir jedoch konträr, so »als ob« wir gar nicht traurig, einsam wären, richten wir unsere Aufmerksamkeit und die ihr folgenden Gedanken auf Erfreuliches, glücklich Machendes, dann wird auch dieses Gefühl eintreten – und wir werden auch nicht traurig und einsam *sein*.

Also: positiv wie negativ – es liegt an uns und unseren Gedanken. Wer die Faust ballt, wird zornig. Wer hysterisch seufzt, weint und jammert, wird Schmerz empfinden, wer traurig die Stirn runzelt, wird Trauer verspüren ... Es gibt Gefühle, die uns bei der Erfüllung einer Pflicht, beim Erreichen von Glück und Erfolg hemmen. Oder die verhindern, dass wir erfolgreich tun, was wir gerne tun möchten.

Ein gutes Beispiel dafür ist unsere irrationale Angst. Wir würden gerne zum Beispiel auf eine Flugreise gehen, einen Urlaub in Hawaii unter Palmen am schneeweißen Sandstrand verbringen oder liebe Verwandte in den USA besuchen ... aber wir leiden unter Aviaphobie, Flugangst.

Und die gleiche Angst, das gleiche Angst-Gefühl, als Resultat negativer Gedanken, verhindert auch vielleicht unsere berufliche Kariere, weil wir ganz einfach für unsere Firma nicht ins Ausland fliegen können.

Die von uns zugelassene Macht unserer (negativen) Gedanken ist – in diesem Fall – zu groß!

Aber so ist auch die Macht unserer positiven Gedanken. Sie ist nämlich noch größer als jene der negativen, denn mit ihr können wir unsere negativen Gedanken besiegen – wie zum Beispiel die Angst vor dem Fliegen oder alle anderen Ängste und Phobien. Und zwei Gedanken gleichzeitig, positiv und negativ, die können wir Menschen nicht denken!

Wir können somit unser Glück selbst bestimmen, und so paradox es klingt, sogar mathematisch berechnen!

Ein mathematisches Beispiel

Ich nehme die Aufgabe, die mir gestellt wurde (ich mir gestellt habe), als gelöst an. Das heißt, ich tue so, »als ob« ich in jenem Zustand (z. B. Glück) bereits wäre.

Ich nenne die Zahl, die ich suche, X!

X = glücklich sein

Wenn ich glücklich bin (»wäre« müssten wir ja sagen), dann würde ich Folgendes tun:

X (Glück) = ... und hier tragen wir ein, was wir in glücklichen Stunden, Augenblicken, tun (würden), wenn wir glücklich wären.

Durch die Freiheit der Selbstbestimmung ist es an uns, so zu handeln – bis ins kleinste Detail –, *als ob* wir wirklich das Gefühl hätten, das wir zu haben wünschen.

Ich will glücklich sein. Also handle ich, als ob ich glücklich wäre ... und siehe, plötzlich bin ich glücklich. Und wenn Sie nun sagen, dass man sich da nur etwas vormacht, probieren Sie es doch aus. Sie werden sehen, dass das Glücksgefühl in Ihnen und Ihrem Herzen stärker ist als alle Ihre Zweifel der Vernunft mit allem Für und Wider. Und die Taten, die Sie setzen, die verdoppeln, verstärken dieses Gefühl und seine positiven Auswirkungen.

Und was das »Sich-Vormachen« betrifft: Ja, natürlich machen Sie sich etwas vor. Na und?

Sie machen sich ja auch etwas vor, wenn Sie unglücklich sind, traurig. Unzufrieden oder unausgeglichen. Was hindert Sie also, sich etwas Positives vorzumachen?

So war es auch mit meiner eigenen Erfahrung, in den Jahren, die ich in Ryadh, der Hauptstadt des Königreiches Saudi-Arabien, verbracht habe. Auch zu Weihnachten zum Beispiel. Bei 50 Grad im Schatten und ewig strahlend blauem Himmel und einem Swimmingpool im Palmengarten, dessen Wasser gekühlt werden musste ...

Und zuhause hatte ich meine Familie, meine Lieben. In tief verschneiter Winterlandschaft. In meiner Heimat, die ich natürlich sehr vermisste. Ich schrieb, als »Beschäftigungstherapie« für mich, ein Gedicht, das folgendermaßen endete:

Ich tue, als ob.
Ich zuhause jetzt wär'.
Und siehe.
Auf einmal.
Da schmerzt es nicht mehr!

Ich habe damals tatsächlich meine Skier auf den Geländewagen gepackt und bin mit Freunden in der Wüste Saudi-Arabiens Ski fahren gegangen. Es war ein Riesenspaß und eine einmalige, lebenslange exotische Erinnerung. Ich habe getan, »als ob« ... und danach gelebt. Glücklich.

Und ich habe mir immer und immer wieder gesagt, dass ich ja nicht bin, wo ich bin, um unglücklich zu sein. Ich will: glücklich sein!

Wir alle können das. Jederzeit und überall. Und dabei müssen wir keineswegs in die Wüste Ski fahren gehen.

Intuition – der »sechste Sinn«

Gefühle kommen »aus dem Bauch«, sagen wir. Intuition, oft auch als Ahnung, Einfall, Geistesblitz, Instinkt, Zufall bezeichnet, hingegen kommt vom Herzen. Sie geschieht immer, bei jedem von uns ... meistens unerkannt.

Intuition wird oft und leicht mit »dem Gefühl aus dem Bauch« verwechselt, was sie jedoch nicht ist. Wirkliche Intuition erleben wir vollkommen emotions- und gefühllos, fast irreal ... und Intuitionen machen auch keine Fehler. Die machen wir, in deren Auslegung, Interpretation. So wie bei unseren Träumen, die ja auch nichts anderes sind als »Intuition im Schlaf«.

Intuition setzt voraus, dass man sein Gedankentor dafür geöffnet hat – also *nichts* denkt.

In der Phase zwischen dem Ein- und Ausatmen entsteht für Augenblicke eine Gedanken-Stille, eine Leere ohne jegliche Gedankenfrequenz. Eine »Empfangssituation«, die wir wissentlich trainieren und nutzen können und damit genug Raum für einen »Geistes-Blitz« schaffen!

Versuchen Sie es. Sie werden überrascht sein.

Die Zehn Gebote ... zehnmal »nicht tun«?

Wir kennen sie alle, die Zehn Gebote Gottes, für die Menschheit festgehalten im Alten Testament, Exodus 20. Von Moses auf zwei Steintafeln niedergeschrieben und seit jeher von wichtiger Bedeutung für das Christen- und Judentum ... aber auch der Islam kennt und predigt sie.

Wie so vieles in unserem Leben, so wurden auch diese mehr als 3000 Jahre alten »Lebensregeln« je nach Glaubensrichtung »modifiziert« und »ausgelegt«. Wie es der jeweiligen Glaubenslinie am besten ins »Konzept« passte.

Das Wort »Gebot« kommt von »bieten – anbieten« und nur durch die negative Formulierung »Du sollst nicht ...« wurde damit ein Verbot verbunden. Zehn Verbote, zehnmal »Du sollst nicht ...!«, die für Kinder zu einem Schreckgespenst, aber nicht zu einem Lebens-Wegweiser wurden. Mehr Drohung als Anweisung für ein fried- und liebevolles Leben – nicht vom Inhalt her, sondern von der Auslegung und Anwendung durch »die Kirche« und uns selbst. Und so wundert es nicht, dass in einer Zeit der unentwegten Veränderungen, weltweiter Kommunikations- und Reisetätigkeit, die auf unser derzeitiges Leben bezogene Sinnhaftigkeit dieser ursprünglichen Lebensregeln größtenteils nicht nur hinterfragt, sondern auch bezweifelt wird.

Bei all den Fehllehren, der Fehlbildung unserer Kindheit und jener, die wir an unsere Kinder leider immer noch weitergeben, ist uns vollkommen entgangen (oder wurde uns absichtlich vorenthalten?), dass weite Teile von dem, was uns da in der Vergangenheit gelehrt wurde, mit unseren bestehenden ethischen Grundsätzen wenig zu tun hat. Ganz im Gegenteil.

Erinnern wir uns zum Beispiel an den genauen Wortlaut bereits des ersten Gebotes Gottes an die Menschheit: »Denn ich, der Herr, dein Gott, bin ein eifersüchtiger Gott: bei denen, die mir Feind sind, verfolge ich die Schuld der Väter an den Söhnen, in der dritten und vierten Generation.« Neid, Eifersucht, Rache? Bei Gott? Oder ein Übersetzungsfehler?

Ganz beachtlich auf jeden Fall, was dieser, unser Gott da angeblich »aus einer dunklen Wolke über dem Berg Sinai zu Moses« sprach und »das Volk in Angst und Schrecken« versetzte. Mit »Blitz und Donner, Feuer und Rauch«! Das war angeblich vor mehr als 3000 Jahren – aber was machen wir dreitausend Jahre später?

Wir schieben oft die dramatischen Auswirkungen unserer Schwächen und Mängel, unseres bewussten und unbewussten Fehlverhaltens und unserer offensichtlichen Blind- und Dummheit, unseres grenzenlosen Egoismus und Machtdrangs Gott in die Schuhe.

Da wird von Gottes Rache oder Strafe gesprochen, wenn vom Tsunami berichtet wird, wenn Erdbeben oder Wirbelstürme Hunderttausende Menschenleben und halbe Kontinente vernichten. Dann ist es »Gottes Natur«, die sich da rächt, und nicht die unsrige, von uns gefährdete. Und wenn Kriege ganze Völker ausrotten, wenn Epidemien und Seuchen, neue Krankheiten und veraltetes Denken uns alle gefährden, dann suchen wir nach einem »höheren Sinn«, einer göttlichen Verantwortung.

Da wundert sich eine ganze Nation über ein zerstörtes New Orleans, ist aber mit einer fehlgeleiteten Regierung nicht bereit, etwas für den Klimaschutz zu tun, Kriege zu vermeiden statt zu führen, zu produzieren, was auch wieder gefahrlos entsorgt werden kann.

Und wir in Europa, wir sehen nicht nur tatenlos zu. Wir gehen mit den Ressourcen der Natur, wie zum Beispiel dem Wasser, auch so um, als wäre es ein Perpetuum Mobile ... sich unentwegt selbst erneuernd und unendlich vorhanden.

Und gleichzeitig verdursten auf unserer Welt täglich 27.000 Menschen!

Ob sich die »Geschichte« mit Moses und den Zehn Geboten am Berg Sinai wirklich so zugetragen hat, wie im Alten Testament festgehalten, das ist eigentlich nicht von Bedeutung. Auch die Formulierungen sind größtenteils belanglos, ob nun ein »eifersüchtiger Gott« oder nicht ... daran halten nur mehr oder weniger ehrwürdige Kirchenväter fest.

Was wir aber tatsächlich als »Wissen« aus den Zehn Geboten in unser Leben übertragen können und sollen, ist die Tatsache, dass wir durch sie Lebensregeln erhalten haben, deren Befolgung das Zusammenleben von allen Menschen auf unserer Welt und von allen Menschen mit der Natur, jeder Pflanze, jedem Tier, auf einfache und verständliche Art regelt.

Regeln könnte, wenn wir uns daran hielten ...

Verbote, Sünden und Schuld

Die Überlieferung von Geboten und Verboten – was man tun darf und was nicht – hat eigentlich schon im Paradies mit dem Sündenfall von Adam und Eva begonnen. Und damit unsere »Schuld«, die angeblich »gesühnt« werden muss. Bestraft, wenn wir Ver- und Gebote missachten. Bestraft für unsere Schuld.

Schuld, die immer, ganz gleich, um welche es sich handeln mag, schwächt. Menschliche Energie raubt. Abhängig und »gefügig« macht ... was »die Kirche« ja wohl seit jeher damit beabsichtigt hat.

Aber: Gott bestraft uns nicht! Wir müssen Gott nicht um Gnade bitten. Wir sind keine Schuldiger. Wir sind keine Verdammten aus dem Paradies. Ganz sicher keine Vertriebenen. Aber bestraft werden wir dennoch. Für unsere »Sünden« und »Vergehen« – unsere Schuld und Schulden – bestrafen wir uns selbst. Nicht Gott, *wir* bestrafen uns!

Sind es nicht wir selbst, die wir uns mit den eigenen negativen Gedanken, mit Schuldgefühlen, Selbstkritik, Eigen-Hass, Zweifel und Unsicherheit, für unser vermeintlich unrechtes Tun bestrafen? In Gedanken und mit Taten? Und das auch dann, wenn wir auch nur glauben, unrecht zu handeln?

Wir müssen uns vor keiner Hölle oder vor dem »jüngsten Gericht« fürchten. Das will man uns vielleicht gerne einreden, aber Angst ist ein schlechter Lehrmeister. Erst recht, wenn unser Wissen mit unserem Glauben in Konfrontation getreten ist und wir nicht mehr glauben können, dass uns für unsere Schuld mit zehn Rosenkranzgebeten von Gott vergeben wird. Unrecht bleibt Unrecht, solange wir es nicht unterlassen – nicht tun oder »wieder gut machen«. Und mit zehn Sühnegebeten wird weder aus einer schlechten Handlung eine gute noch werden die unglücklich gemachten Menschen dadurch glücklicher.

Die sieben Todsünden

Hochmut (Stolz, Eitelkeit, Arroganz)
Habsucht (Geiz)
Neid (Missgunst, Eifersucht)
Zorn (Wut)
Wollust (Unkeuschheit)
Trägheit (Faulheit, Trägheit des Herzens)
Völlerei

Welchen Stellenwert nehmen die »sieben Todsünden« in unserem Leben ein? Glauben wir noch daran, dass wir, wenn wir arrogant und »verfressen« sind, die »göttliche Gnade« verloren haben? Für ewig verdammt sind, weil wir uns damit von Gott abgewandt haben?

Oder ist es nicht eher so, dass diese Charaktereigenschaften, die Wurzeln für schwere Sünden, wie es heißt, durch ihre Vermeidung, also dem bewussten Nicht-Tun, ein ehrfurchts- und liebevolles Zusammenleben aller Menschen sicherstellen soll? Dass diese sogenannten »Todsünden« zwar nicht zum körperlichen Tod führen, dafür aber zu einer seelischen Erkrankung, die sehr wohl auch zum Tod, ganz sicher aber zum Absterben der Liebe für uns und unsere Nächsten in unserem Herzen führen kann?

Und wir damit um uns und vor allem in uns den Zustand schaffen, den wir als »Fegefeuer« oder »Hölle« angedroht bekommen haben?

Ob es ein Jenseits gibt, wissen wir nicht. Auch nicht, ob dort eine »Hölle«, ein »Fegefeuer« auf uns »Sünder« warten. Was wir aber wissen ist, dass wir uns vielerorts und leider nur allzu oft eine »irdische Hölle« auf Erden bereits selbst geschaffen haben. Wir selbst.

So steht es zwar nicht in der Bibel. Auch nicht im Koran oder in den heiligen Büchern des Buddhismus oder des Hinduismus und mag vielleicht angezweifelt werden. Aber bei allen unseren Zweifeln und Kritiken ändert sich nichts an der Tatsache, dass es seit jeher wir Menschen waren, die über ihr Wohlergehen auf Erden selbst bestimmten.

Und so auch darüber, was nun Sünde ist – und was nicht. Im Herzen wissen wir es.

»Am siebten Tage sollst Du ruh'n …«

Ein Sonntag kann jeder Tag der Woche sein.
Der »Sabbat« wurde für den Menschen gemacht – nicht der Mensch für ihn!

»Am siebten Tag vollendete Gott das Werk, das er geschaffen hatte, und er ruhte am siebten Tag, nachdem er sein ganzes Werk vollbracht hatte. Und Gott segnete den siebten Tag und erklärte ihn für heilig; denn an ihm ruhte Gott, nachdem er das ganze Werk der Schöpfung vollendet hatte.«

So steht es in der Genesis geschrieben ... Und in den Zehn Geboten wurde der Menschheit als drittes Gebot aufgetragen: »Du sollst den Feiertag heiligen.«

Der Sabbat wurde somit für die Menschen – und nicht die Menschen für den Sabbat – gemacht. Aber des Menschen Erfindergeist ist vielfältig, und so sind auch die Auslegungen dieses göttlichen Gebotes. Je nach Glaubensrichtung wie im Judentum zum Beispiel. Ob liberal oder orthodox – es wird bestimmt, was Arbeit ist und was nicht. Ob nun Feuermachen, etwas zu kaufen oder Geld nur anrühren erlaubt ist oder nicht. Und im Christentum wurde der Sonntag dafür ausgewählt ... damit man sich nur ja vom jüdischen »Sabbat« (wörtl. übersetzt: »aufhören«; die »Ruhepause«, das bewusste Nichts-tun) abgrenzte und in Anlehnung an alte heidnische Kulte der Sonnenanbetung.

Ein »Sonntag« kann jeder Tag der Woche sein ...

Ein Ruhetag, ein arbeitsfreier Tag kann jeder Tag der Woche sein. Jene Menschen, die zum Beispiel im Schichtbetrieb arbeiten, die an herkömmlichen Wochenenden in Operationssälen stehen und Menschenleben retten, im Transport- oder Dienstleistungsgewerbe tätig sind, die wissen, was damit gemeint ist.

Aber was haben wir aus diesem »göttlichen Feiertag« auf unserem Jahrtausende dauernden Entwicklungsweg gemacht? Ist es nicht so, dass gerade am Wochenende, meistens am Sonntag, die Arbeit erledigt wird, die wir die ganze Woche über nicht erledigen konnten – oder wollten? In »Ruhe«, wie wir glauben?

Oder als Sklaven des uns selbst auferlegten Freizeitstresses auf überfüllten Autobahnen zu noch überfüllteren Skipisten, Badeseen, Veranstaltungen rasen ... in nur wenigen Stunden »Erholung« hineinstopfen wollen, koste es was es wolle, um dann am Montag, erschöpft und ausgelaugt, zur Arbeit zu erscheinen. Oder auch nicht, denn laut Statistik gibt es an Montagen die meisten Krankmeldungen.

Auch hier, bei der Bestimmung, welcher Tag für uns ein »Sonntag« sein soll und welcher nicht, muss eine Veränderung unseres Denk- und Verhaltensmusters eintreten.

Wie erwähnt, glauben bestimmte Wissenschaftler daran, dass durch den Schlaf, durch das bewusste Nichts-Tun, in einem Drittel unserer Lebenszeit das »ökologische Gleichgewicht« insofern hergestellt wird, als damit ein Drittel der Menschheit nicht zum gleichen Zeitpunkt aktiv ist. Und somit auch der Rhythmus auf der Erde, begonnen vom Wasserverbrauch, der Energie, der Ernährung, entsprechend geregelt wird.

Wieso soll das nicht auch für unseren »Sabbat«, den »Sonntag«, den »freien Tag« gelten? Warum müssen wir alle zugleich »Wochenende« haben? Zugleich die Einkaufsmärkte stürmen, zugleich die Straßen verstopfen und Hotelzimmer in den Ferienregionen belegen? Ist es nicht so, dass wir auch hier, wie bei vielen anderen Dingen, aus purer Gewohnheit sinnvolle Lebensregelungen entfremden? Und diese Fehlentwicklung, obwohl erkannt, nicht korrigieren.

Ein Beispiel dafür sind die 1974/75 durch die Öl- und damit Energiekrise eingeführten sogenannten »Energieferien«. Ursprünglich gedacht, durch das Schließen von Schulen, Ämtern, Betrieben, durch zusätzliche Ferien den Energieverbrauch zu senken und den in dieser Zeit teilweise schlecht ausgelasteten Tourismusregionen zusätzliches Geschäft, wenn auch zu günstigen Preisen, zu vermitteln. Alle waren anfangs zufrieden und glücklich mit dieser notgedrungenen »Erfindung«!

Wie sieht es damit heute, mehr als 30 Jahre später, aus? Energieferien sind Extremzeiten für den Energieverbrauch. Die Urlaubsorte sind so überfüllt, dass Höchstpreise für Hotelzimmer und Zusatzleistungen bezahlt werden müssen. Und das Verkehrschaos auf Straßen und Autobahnen, die Überfüllung in öffentlichen Verkehrsmitteln und Flugzeugen ist vorprogrammiert. Wo bleibt da der ursprüngliche Sinn?

»Wenn wir bewahren wollen, was wir haben, dann werden wir vieles ändern müssen«, behauptete schon Geheimrat Goethe. In der Tat, auch unsere Gewohnheit des freien Sonntags ist es wert, überdacht und ge- bzw. verändert zu werden. Nicht immer nur dann eine Pause einlegen, einen arbeitsfreien Tag genießen (so man das überhaupt tut), wenn man bereits müde und ausgelaugt ist und sich mit Millionen anderen Müden und Ausgelaugten »um die Wette erholen« will. Koste es, was es wolle – oft auch unsere Gesundheit, unser Leben. Ist es da nicht erstrebenswerter, einen eigenen, für sich und seine Familie festgelegten Lebensrhythmus zu finden und auf die Bedürfnisse des Körpers zu achten?

Unser Körper zeigt uns ohnehin, wie es um uns steht. Warten wir nicht, bis wir dies von Dritten erfahren müssen ... oder wir dazu »Zeit haben«. Frei-Zeit.

Beginnen wir in kleinen Schritten. Mit »weniger ist mehr«. Beginnen wir mit bewusstem Nichts-Tun von vielleicht wenigen Minuten ... Und üben dieses auch während der Woche, während des Arbeitstages. Und berücksichtigen wir dabei unseren ganz persönlichen »Produktionszyklus«.

Und das alles muss wirklich nicht nur an einem Sonntag sein!

An »nichts« glauben?

Kann man das überhaupt – an nichts glauben? Ist das nicht bereits schon wieder Glauben? So wie Nichts-Tun eigentlich auch schon wieder eine Form des Tuns darstellt?

»Glauben heißt, nichts wissen«, besagt ein Sprichwort. Also müsste man logischerweise davon ableiten können, dass, wenn man

»nichts weiß«, glauben muss. Sein fehlendes Wissen also durch Glauben ersetzt.

Und so ist es auch – in den meisten Fällen. Davon lebt jede Religion. Vom Unvorstellbaren, Unerklärbaren, an das wir (fast) alle mehr oder weniger glauben. Weil wir mit unserem Glauben ein Möglichkeitsszenario erstellen und annehmen, dass das, was uns zum Beispiel von den Religionen gelehrt wird, möglicherweise, oder mit großer Wahrscheinlichkeit, wahr ist.

Wir können es glauben, wenn wir wollen. Wir müssen es nicht. An etwas zu glauben kann gefährlich sein, denn immerhin birgt der Glaube die Gefahr, die Möglichkeit, in sich, dass wir an etwas Falsches glauben, dass wir uns irren, Fehler machen.

Aber, wie sagt L. Ron Hubburd: »Der größte Fehler im Leben ist, zu befürchten, dass man einen macht!« Andererseits ist aber auch erwiesen, dass unser Wissen, oder das, was uns als Wissen gelehrt wird, leider auch allzu fehlerhaft ist. Irren ist bekanntlich menschlich und die Erde keine Scheibe.

Ein ganz schönes Dilemma. Vor allem, wenn es um den Glauben an einen Gott – oder Götter – geht. Auf der einen Seite die sogenannten »Atheisten« (gr. atheos = ohne Gott) und auf der anderen Seite die Agnostiker (gr. a-gnoein = nicht wissen), was ein bisschen wie ein Wettstreit von jenen, die nicht glauben wollen oder können, gegen jene, die nicht wissen, nicht erkennen, was sie glauben sollen, aussieht.

In Namen ausgedrückt: Die Atheisten Nietzsche, Kant, Marx, Sartre und Camus gegen die Agnostiker Konfuzius, Protagoras, Darwin, Mark Twain und Albert Schweitzer. Und zwischen ihnen die Nihilisten (lat. nihil = nichts), also jene Menschen mit einer Weltanschauung, die die Sinnhaftigkeit der Welt bestreitet und objektive Erkenntnisse und feststehende Wahrheiten verneint. Ohne absolute Werte und Normen, ohne allgemeingültige Moral. Als Nihilist denkt man morallos. Nihilismus wurde in der Geschichte als Vorwurf für Verleumdung und Diffamierung andersdenkender Menschen, wie zum Beispiel den von der Kirche verdammten Galileo Galilei, verwendet.

Wird einerseits – von Atheisten – festgestellt, dass nicht Gott die Menschen, sondern die Menschen Gott geschaffen haben, wird andererseits – von Agnostikern (etwa von Protagoras) – behauptet: »Von den Göttern weiß ich nichts, weder, dass es solche gibt, noch dass es sie nicht gibt!«

Aber ist das alles so wichtig? Ist das so entscheidend für unser Leben? Sind jene wertvollere Menschen, die an Gott glauben, als jene, die dies nicht tun? Ganz gleich aus welchen Gründen auch immer?

Wenn ich Fehler gemacht habe, »Böses« vielleicht, ist es dann wichtig, dies zu korrigieren, damit ich in den Himmel komme und gemäß meinem Glauben »vor Gott« gut dastehe? Oder sollte ich mein Fehlverhalten nicht unabhängig jeglicher Glaubensrichtung noch hier und in diesem Leben wieder gutmachen? Zu meinem Wohlergehen und dem meiner Mitmenschen? Oder gewisse Dinge einfach nicht tun? Bewusst!

Leider lehrt uns die Geschichte der Menschheit, dass Religionen, welcher Art auch immer, für das friedvolle, glückliche Zusammenleben der Menschen keinen Vorteil gebracht haben. Die Glaubenskriege der Geschichte und jene der Gegenwart in Form von weltweitem Terrorismus sprechen eine deutliche Sprache. Ganz gleich, ob jene des Islams oder des Christentums. In Zeiten, wo zum Beispiel das Christentum das Leben der Menschen bestimmte, war dieses, wie die Geschichtsforschung belegt, auch nicht gerade besonders lebenswert, sondern vielmehr gekennzeichnet von Macht und Gewalt. Von Teufelsaustreibungen und Hexenverbrennungen, von Kreuzzügen. Und alles im Namen des einzig wahren Gottes ...

Aber welche Religion dieser Welt hat schon ein Anrecht, als die einzig wahre zu gelten?

Aber alle zusammen ... als eine – das wär' schon eine verlockende Vorstellung, denn alle haben sie Inhalte, die lebenswert sind, aus denen für das glückliche und friedvolle Leben geschöpft werden kann.

Aber wie wird man nun ein »nicht Glaubender«, ein Agnostiker? Mark Twain, Albert Schweizer oder den ehemaligen österreichischen Bundeskanzler Dr. Bruno Kreisky konnte ich leider dazu nicht mehr befragen – und von noch lebenden bekennenden Agnostikern erhielt ich keine oder keine ausreichende Erklärung.

Auch der Briefverkehr zwischen dem berühmten Schriftsteller Umberto Eco, einem »Nichtsglaubenden«, und dem Mailänder Kardinal Carlo Maria Martini zum Thema »Woran glaubt, wer nicht glaubt?« konnte mir keine klare Antwort geben.

Fest steht, dass wir mit der Gabe zu glauben geboren werden. In der »Schule des Lebens« lernen wir, entweder aus eigener Erfahrung oder jener unserer Eltern, Lehrer, Mitmenschen, zu glauben – oder nicht, wobei das Elternhaus, in das wir geboren wurden, und die Gesellschaft, in der wir leben, dabei eine ganz wesentliche Rolle spielen. Nur das zu glauben, was bewiesen ist, wie Agnostiker ihren Nichtglauben erklären, birgt den offensichtlichen Widerspruch in sich, dass man eine bewiesene Tatsache ja gar nicht erst glauben muss, da sie längst Bestandteil unseres Wissens – und nicht unseres Glaubens – geworden ist.

Glauben wir immer noch, dass die Erde eine Kugel und keine Scheibe ist? Oder wissen wir …?

Wir kommen alle mit einem universellen Wissen auf die Welt. Einem Wissen, das uns mit unserer Geburt verloren geht. Das wir neu »erlernen« müssen, um so den Sinn unseres Erdendaseins zu be-greifen und zu er-füllen. Das Erlernen unseres »Lebenswissens« ist für alle von uns unterschiedlich. Unterschiedlich schnell, unterschiedlich erfolgreich, mit unendlich vielen »Wissens-Lücken«.

Lücken, die wir mit Glauben ausfüllen. Ausfüllen können, wenn wir wollen. Oder auch nicht! Wie die Agnostiker zum Beispiel.

Ich fand bei meinen Recherchen auch Beispiele dafür, dass viele Menschen aus Unsicherheit in ihrem Leben und mit ihrem Leben, oder aber – oft bei Politikern anzutreffen – aus Berechnung »an nichts glauben«. Wer an »nichts« glaubt, der kann auch nicht an etwas Falsches glauben … »glauben« diese »Ungläubigen«.

Und ob der agnostische Nichts-Glaube richtig ist – wir wissen es alle nicht! Womit wir wieder beim »Glauben« wären …

Aber: Richtig oder falsch – ist das so wichtig? Ist es so wichtig, dass wir alles wissen, verstehen müssen? Oder ist das nicht eher ein Trugschluss? Spielt uns da unser Verstand – unser dualistisches Ego – nicht einen üblen Streich und sucht nur nach Bestätigung für seine Existenz?

Verbringen wir Menschen nicht für unsere Suche nach – oder das Warten auf – Wahrheit und Wissen mehr Zeit als am Erkennen? Ist unser Forscherblick nicht unentwegt in die Zukunft und nicht auf das Jetzt, das Heute gerichtet? Und sind wir nicht blind geworden für die Wahrheiten und das Wissen des Augenblicks?

Denn diesen müssen wir nicht beweisen.

Bloß er-leben.

NICHTS wissen – aber irren ist menschlich

»Je größer die Insel unseres Wissens, desto größer das Ufer unseres Nicht-Wissens.«
(John Wheeler)

Nicht alles, was wir wissen, zu wissen glauben, was uns gelehrt wird, das ist auch wahr. Es ist erwiesen, dass zwei Drittel von dem, was uns als wahr gelehrt wird, längst nicht mehr der Wahrheit, dem aktuellen Wissensstand oder dem letzten Stand der forscherischen Entwicklungen entspricht.

Ist ganz einfach falsch oder bloß »überholt«! Man könnte auch sagen, dass sich unser derzeitiges, aktuelles Wissen stets auf dem letzten Stand befindet – dem letzten Stand des ... Irrtums!

Und selbst unser vermeintliches Wissen ist nicht mehr als die Spitze eines Eisberges ... 3 % Wissen stehen 97 % Unwissen gegenüber. Wir wissen dank modernster Kommunikations- und Forschungsmethoden und unaufhörlicher Spezialisierung der Wissenschaften zwar immer mehr ... von immer weniger. »Bis wir eines Tages vermutlich alles – von nichts wissen werden«, wie der Autor, Gesundheitsexperte und Ernährungswissenschaftler Christian Oppitz in seinem Buch »Unbegrenzte Lebenskraft durch Tachyonen« hervorhebt.

Aus diesem »Nicht-Wissen« oder »mangelhaftem Wissen« entstehen dann die uns allen bekannten Fehlurteile, Fehleinschätzungen und Irrtümer. Und zwar nicht, weil man gewisse Dinge, Gegebenheiten nicht kennt, nicht weiß, sondern weil man urteilt, beurteilt und agiert, ohne etwas genau zu wissen. Weil man »glaubt, zu wissen«. Das Resultat ist der Irrtum. »Das einzige Mittel, den Irrtum zu vermeiden, ist die Unwissenheit!«, sagte bereits Jean Jaques Rousseau.

Nun, so weit müssen wir ja nicht gehen und uns der Unwissenheit verschreiben. Aber wir sollten es mit Sokrates halten, der meint, er wisse, dass er nichts wisse. Das alleine ist schon ein Wissen, das uns hilft, Fehler und Irrtümer zu vermeiden.

Vielleicht kennen Sie folgende Geschichte eines weltbekannten Irrtums:

Vor vielen Jahren besuchte ein Bischof von der Ostküste der Vereinigten Staaten ein kleines religiöses College an der Westküste. Er wohnte im Haus des Collegepräsidenten, der ein progressiver junger Mann war, Professor für Physik und Chemie.

Eines Tages lud der Präsident seine Fakultätskollegen zum Essen mit dem Bischof ein, damit sie von seiner Weisheit und Erfahrung profitieren konnten. Nach dem Essen kam das Gespräch auf zukünftige Erfindungen und Errungenschaften. Der Bischof vertrat die Meinung, dass in Zukunft nicht viel Neues passieren werde, da der Mensch in der Natur schon alles entdeckt habe und alle nur erdenklichen Erfindungen gemacht worden seien.
Der Präsident widersprach höflich. Seiner Meinung nach, sagte er, befände sich die Menschheit an der Schwelle zu großartigen neuen Entdeckungen. Der Bischof forderte den Präsidenten auf, eine solche zu benennen. Dieser sagte, er erwarte, dass die Menschen in den nächsten 50 Jahren fliegen lernen würden.
Der Bischof bekam einen Lachanfall. »Unsinn, mein Lieber«, rief er, »wenn Gott vorgesehen hätte, dass wir fliegen sollen, hätte er uns mit Flügeln versehen. Fliegen ist den Vögeln und den Engeln vorbehalten.«
Der Bischof hieß Wright.
Seine beiden Söhne, Orville und Wilbur, wurden zu den bedeutendsten Pionieren in der Geschichte der Luftfahrt.

Diese Anekdote dokumentiert anschaulich und unterhaltsam, dass wir Menschen seit jeher stets das augenblickliche Wissen als unumstößliche Wahrheit, unsere persönliche Meinung, mag sie noch so sehr auf subjektiver Erfahrung beruhen, als »Tatsache« ansehen. Als richtig und oft auch »Recht« ... und Andersdenkende, Andersgläubige nicht akzeptieren wollen.

Die Kirche ist da ein unrühmliches Beispiel, und zwar seit Menschengedenken. Wer glaubt, die Zeiten der Inquisition, der Hexenverbrennung, das Verdammen, Foltern und Hinrichten von andersdenkenden Menschen, Wissenschaftlern, Künstlern sei nur ein Relikt der dunklen Vergangenheit der Menschheit, der irrt.

Es ist nicht so sehr bedenklich, dass, dies nur als Beispiel, der berühmte Wissenschaftler Galilei Galileo in einem Inquisitionsprozess 1615/1616 von der Kirche zum Schweigen verurteilt und 1633 sogar mit der Androhung auf Folter zum Widerruf seiner Behauptung, dass die Erde eine Kugel sein, gezwungen wurde ...

... bedenklich ist vielmehr, dass in unserem Jahrhundert, genau genommen im Jahre 1992, dieses Fehlurteil nicht aufgehoben wurde. Und zwar vom weltweit angesehenen und verehrten Papst Johannes Paul II., der lediglich feststellen ließ, »dass die damaligen Sachverständigen nicht sachverständig sein konnten. Sie hätten als wahr geltend gemacht, was kirchliches Gesetz war. Wahr sei, so der Papst: wenn man auf der Erde immer geradeaus geht, landet man genau auf dem Punkt wieder, von dem man ausgegangen ist.« Eine wohl einmalige Erkenntnis im Jahre 1992!

Viele Irrtümer – angelernt – begleiten uns unser ganzes Leben. Wir sollten uns aber hüten, diese, wenn wir sie erst einmal entdeckt haben, auch weiter als Wahrheit, als Tatsache, zu betrachten und vielleicht gar unser Handeln darauf zu bauen. Aus bequemer Gewohnheit – weil wir es ja nicht besser wissen.

Das ist das eingangs bereits erwähnte negative Nichts-Tun.

Wenn es auch noch so schwer und unbequem, unpopulär ist ... wir sollten nicht alles für wahr halten, nur weil wir es in der Schule so gelernt haben. Weil es unsere Eltern so wussten oder der Chef darauf besteht.

Irren ist menschlich – und keine Schande.

Zu erkanntem und erwiesenem Irrtum nicht zu stehen, diesen zu korrigieren, erfordert natürlich Mut und Selbstvertrauen und eine realistische Einschätzung dessen, was für uns wichtig und was unbedeutend ist. Denn bei vielem handelt es sich um weitverbreitete Irrtümer, die größtenteils ohne jeglichen Einfluss auf uns und unser Leben sind.

Es beeinflusst unser Leben wohl kaum, wenn wir zu wissen glauben, dass die arabischen Zahlen aus Arabien kommen (und nicht, wie erwiesen, aus Indien), Spaghetti aus Italien und nicht wie tatsächlich aus China. Ketchup aus Amerika und Chop-Suey aus China ... obwohl es genau umgekehrt ist und Ketchup (Ke-tsiap) aus China stammt und Chop-Suey in den USA als »Gericht der chinesischen Art« erfunden wurde?

»Das Falsche ist oft die Wahrheit, die auf dem Kopf steht«, meinte Sigmund Freud – und dabei sollten wir es belassen.

Ganz einfach nicht alles glauben, was wir lernen, hören, sehen.

Nicht das Falsche ist es, was uns Menschen und unser Leben negativ beeinflusst, sondern das, was wir daraus machen.

Das Tipota-Prinzip

Die schöpferische Kraft des bewussten Innehaltens

Inne-halten. Was heißt das schon? Etwas inne, in sich, be-halten? Stehenbleiben, auf dem Weg, den man gerade geht? Geistig wie auch körperlich? Nichts-tun? In allen seinen Formen?

Es gibt viele Wege zum Glück, zur Erfüllung, heißt es. Gehen, kannst du aber nur einen!

Die nachstehenden sechs Regeln für bewusstes Innehalten, Nicht-Handeln, sind, jede für sich, ein Weg ... ein Weg ausschließlich zum Sein. Nicht zum Tun! Wie wir sein sollen, sein können ... wenn wir wollen. Wenn wir es zulassen.

Die Zusammenfassung der sechs Regeln soll aufzeigen, wie wir dieses bewusste Sein erreichen können: Indem wir bewusst – vor allem negative und belastende – Dinge nicht tun. Indem wir unser Sein entfalten und ganz einfach wir selber sind. Und dazu stehen. Auch wenn dies nicht immer leicht fällt.

Bewusstes Sein durch bewusstes Nicht(s)-Tun!

Das sind die Grundregeln des Tipota-Prinzips (gr. Tipota = nichts). Ich muss aber betonen, dass ich das Wort »Prinzip« nicht besonders liebe. Vor allem nicht in der Form, in der wir ihm in unserem Leben meistens begegnen: einengend, eine starre Regel, die keinerlei Kreativität zulässt ... oder, wie es Mark Twain formuliert: »Prinzipien sind ein anderes Wort für Vorurteile!«

Da halte ich es lieber mit der philosophischen Form: »Prinzipien als Ausgangspunkt, Ursprung, Urgrund alles Existierenden«. Unser Bewusst-Sein zu fördern, es zu unterstützen, zu stärken, von unnötigem Ballast des gewohnheitsmäßigen Tuns, der Irrtümer und Fehllehren zu befreien. Unser Gepäck, unseren Rucksack voll mit Vorurteilen und verstaubten Gewohnheiten, mit dem wir durchs Leben gehen, so leicht wie nur möglich zu machen – zu entmisten. Und den unkontrollierten Einfluss unseres Unter-bewusst-Seins auf unser Leben in positive Bahnen zu lenken.

Tolerant sein

Tolerant sein – sich und anderen Menschen gegenüber.

Toleranz kommt vom lateinischen »tolerare« = erdulden, ertragen ... abgeleitet mit der Beschreibung »die Nichtverfolgung Einzelner oder Gruppen, die anders sind als die Masse ... und die etablierte Meinung«.

Und dazu gehören natürlich auch wir selbst!

Toleranz als Vorstufe zur Akzeptanz ... uns selbst zuallererst einmal tolerieren lernen. Mit allen unseren Fehlern und Schwächen. Um in weiterer Folge unser Ich zu akzeptieren.

Gelingt uns das bei uns selbst, dann gelingt es uns auch bei anderen. Es gelingt uns in Hinblick auf gewaltlose Einigung in Konflikten ebenso wie in der Verteidigung der Meinungsfreiheit aller Menschen.

Unzählige Todesopfer forderte in den letzten 20 Jahren das Gegenteil der Toleranz: die Intoleranz, die »Unduldsamkeit«. Ein toleranter Mensch kann Intoleranz *nicht* tolerieren ... und wäre somit ebenfalls »intolerant«? So sehe ich es nicht, denn der Spruch »es gibt nur eine Sache, die ich nicht zulassen kann – das ist Intoleranz« zeigt, dass es bei Toleranz eine Begrenzung gibt, die eine tolerante Gesellschaft, ein toleranter Mensch nicht überschreiten darf.

Mit anderen Worten – auf uns selbst bezogen: Wir wissen genau, wie weit wir unsere Fehler und Schwächen tolerieren dürfen, ohne anderen Menschen damit zu schaden ... denn hier beginnt der unakzeptable Grenzwert zur Intoleranz.

Ein toleranter Mensch verwirklicht ein Gesetz der Liebe. Der Menschenliebe – sich und anderen gegenüber.

Ich-bewusst-Sein

Selbst-Bewusstsein – sich seines Ich voll und ganz bewusst sein und daraus Selbstsicherheit und Selbstvertrauen zu schöpfen. Auf wen sollen Sie sich mehr verlassen können? Wem sollen Sie mehr vertrauen können als der Person, die Sie am besten kennen? Und das sind Sie selbst!

Selbstbewusst sein, das heißt nicht, perfekt zu sein. Oder ein Showmensch, der sich exzellent präsentieren, verkaufen kann, wie man sagt. Ein selbstbewusster Mensch akzeptiert seine Fehler und Schwächen und sieht sie als Herausforderung, als Aufgabe, die es zu lösen gilt, um aus ihnen Stärken, eine Bereicherung für sein Leben zu machen.

Selbstbewusstsein kann man lernen.

- Beginnen wir dabei, uns nicht für Fehler oder Irrtümer selbst zu bestrafen und zu kritisieren. Das raubt uns Energie und Selbstbewusstsein.
- Üben wir uns im »Nein-Sagen«, wenn wir nein sagen wollen ... und nicht konfliktscheu, gehemmt, unsere Meinung nicht zu vertreten und zu ihr zu stehen.
- Stoppen wir unsere negativen Erwartungen. Sie treten zu 80 % ohnehin nicht ein!
- Laufen wir nicht davon. Nicht vor einer Situation, der Meinung anderer Menschen über uns, einem vermeintlichen Risiko, Konflikt, einem Problem. Lassen wir los, entfernen wir aus unserem Leben, was uns nicht gut tut. Auch negative Menschen in unserem Bekannten- und Freundeskreis.
- Werden wir uns unserer Talente und Fähigkeiten bewusst. Wir haben sie, sehen wir nur einmal genau hin! Und verwenden wir diese ... auch zur Stärkung unseres Selbstbewusstseins.
- Erforschen wir die Ursache für unser fehlendes Selbstbewusstsein, Vertrauen, Selbstsicherheit. Liegt es in unserer Kindheit? In falsch anerzogenem Verhalten? Begangenen Fehlern der Vergangenheit?

Pflicht-bewusst-Sein

Seit 1948 gibt es die »Allgemeine Erklärung der Menschrechte« ... uns allen bekannt. Weniger bekannt ist, dass es »Goldene Regeln« gibt, die in allen Weltreligionen verankert sind, seit dem 1. Jahrtausend vor Christus. Und was noch viel wichtiger ist, aber teilweise genauso unbekannt, dass diese »Goldenen Regeln« – und das wird Sie an viele Kapitel in diesem Buch erinnern – u. a. folgende vier »unverrückbare Weisungen« beinhalten:

1. Verpflichtung auf (eine Kultur der) Gewaltlosigkeit und Ehrfurcht vor allem Leben
2. Verpflichtung auf (eine Kultur der) Solidarität und eine gerechte Wirtschaftsordnung
3. Verpflichtung auf (eine Kultur der) Toleranz und ein Leben in Wahrhaftigkeit
4. Verpflichtung (auf eine Kultur der) Gleichberechtigung und die Partnerschaft zwischen Mann und Frau

Wären die Pflichten »selbstverständlich«, dann gäbe es seit dem Jahre 1997 nicht neben der Menschenrechtserklärung auch noch die »Allgemeine Erklärung der Menschenpflichten«. Ebenfalls erarbeitet und herausgegeben von den Vereinten Nationen, Artikel 4 (in Anlehnung an die jahrtausendealten Goldenen Regeln): »Was du nicht willst, das man dir tu, das füg' auch keinem andern zu!«

Die Erklärung der Menschenpflichten wurde unterschrieben u. a. von Helmut Schmidt, Jimmy Carter, Schimon Peres, Franz Vranitzky ... wobei davon auszugehen ist, dass sie dies nicht als Privatpersonen taten. Es verwundert daher um so mehr, dass ihre Regierungen und die Bevölkerung davon so wenig weiß!

Wir haben Pflichten uns und anderen gegenüber. Wir sollen stets als Einzelperson ohne Gewalt und Provokation agieren und jeglichen Vergeltungsdrang unserer Mitmenschen, aber auch unseren eigenen, im Sinne von »Aug um Aug, Zahn um Zahn« durch Unterlassung – bewusstes Nichts-Tun – vermeiden!

Offen sein

»Offen sein«, »sich öffnen«, hat viele Formen in unserem Leben. Offenheit ist nicht Taktik, um den Mitmenschen »in aller Offenheit die Meinung zu sagen« ...

»Offen sein« beginnt bei uns selbst. Ob wir uns nun »verschließen«, unserer Umwelt, unseren Mitmenschen, Neuerungen, Erfahrungen gegenüber, oder ob wir alle unsere Sinne und vor allem unser Seelenhaus geöffnet halten. Um bewusst zu sehen, zu hören, zu fühlen ... auch mit unserem Herzen.

Offenheit ist ein lebensbestimmendes Persönlichkeitsmerkmal. Ein offener Mensch hat zu mehr Gedanken und Gefühlen, zu mehr Wahrnehmungen seiner fünf (sechs?) Sinne und seines Herzens Zutritt und kann diese auch bewusst speichern und nutzen.

Offenheit und Phantasie sind Geschwister. Sie gehören zusammen. Alles ist in unserem Leben möglich, nichts ist unmöglich, und die Macht unserer Gedanken, unserer Phantasie hilft uns, dies zu erkennen und akzeptieren zu lernen. Offenheit hat sehr viel mit Ehrlichkeit zu tun. Offen sich gegenüber sein heißt, seine Augen nicht verschließen vor dem Erkennen des eigenen Ich mit allen seinen Stärken und Schwächen.

Zu Offenheit braucht es Mut, wie auch zur Ehrlichkeit. Oder vielleicht eher sogar De-Mut – für ein offenes und ehrliches Miteinander, privat, beruflich im Alltag mit unseren Mitmenschen. Das schafft Vertrauen und liebevolle Gefühle, die zu uns zurückkommen, die uns entgegen-gebracht werden. Durch die geöffnete Tür unseres Seelenhauses.

Bedenken wir, die einzigen Menschen auf dieser Welt, die wir nicht belügen können, das sind wir selbst. Und wir wissen das, manchmal bewusst, meistens unbewusst. Und verrennen uns so in unnötige Selbstkritik, Zweifel, Ärger und Ängste. Die Angst vor Versagen, vor Verlusten lässt uns oft die berühmte »Mauer um uns« aufbauen ... oft auch aus erlittener Enttäuschung in unserem Leben.

Reißen wir diese Mauern nieder, lassen wir sie fallen.

Treu sein

Der Begriff Tugend ist in unserer Zeit ebenso aus der Mode gekommen wie Treue. Ein tugendhafter, treuer Mensch sein, was ist das eigentlich?

»Das Gute leicht und mit Freuden tun«, und »das Böse bewusst nicht tun ...« – das ist die Begriffserklärung für einen tugendhaften Menschen.

Die christlichen Tugenden gehen mit Glaube, Hoffnung und Liebe auf die Zehn Gebote zurück. Die Liste der allgemein gültigen Eigenschaften, die als Tugend bezeichnet werden, ist lang und reicht von A – Aufrichtigkeit – bis Z – Zuverlässigkeit. Sie enthält auch die erstrebenswerten Eigenschaften des Tipota-Prinzips wie Toleranz, Mut, Pflicht, Offenheit, Ursprünglichkeit (Ich-bewusst-Sein) und ... Treue. Aber das Treu-Sein, das damit in erster Linie – aber nicht nur – gemeint ist, das bedeutet: sich treu sein.

Eine Charaktereigenschaft, die in unserer Zeit immer mehr in Vergessenheit gerät ... zumal wir unter Treue meistens nur mehr die sexuell-zwischenmenschliche Partnerschaftsbeziehung sehen. Treue als lebenslanges »liebevolles Besitzen« eines anderen Menschen.

Treue ist viel mehr: tugendhaft und sich selbst treu sein – und seinen Vorstellungen, Vorhaben, Idealen, Prinzipien, wobei diese Treue stets auf Vertrauen aufbaut. Ein Vertrauen einerseits in sich selbst – Selbst-Vertrauen – und andererseits in den Lebenspartner, dem gegenüber man sich zu Treue verpflichtet fühlt beziehungsweise mit dem Bund der Ehe vertraglich vereinbart hat.

Sich selbst treu sein ist die Basis für unsere Treue anderen Menschen gegenüber. Denn wie kann ich anderen »treu sein«, wenn ich es nicht einmal bei mir schaffe? Wenn ich meine Ideale und Werte verrate, mich fallen lasse? Besteht da nicht die berechtigte Befürchtung, ich lasse auch meine Geliebten, meine Freunde »fallen«?

»Loyalität« ist das Schlagwort unserer Zeit – vor allem im Berufsleben. »Loyal sein«, das ist »in«! Treu sein ...«? Das klingt etwas altmodisch, nicht?

Angstfrei sein

Freude, Ärger, Trauer, Angst. Gefühle, die uns unser ganzes Leben lang begleiten. Das Ausmaß der Beeinflussung auf uns und unseren Lebensweg jedoch bestimmen ganz alleine wir selbst.

Angst ist der Kreativitätskiller Nummer 1, das steht fest. Und Kreativität soll immerhin unser bewusstes Handeln nach der Phase des Nichtstun, der Stille, der Ruhe, des Innehaltens, folgen ... sonst verliert sie ihren Sinn. Kein »Nichts-Tun« ohne folgerichtiges Handeln, haben wir festgestellt. Aber was tun, wenn wir alleine schon vor dem bewussten Innehalten Angst verspüren?

Nun, Angst hat eine überaus positive Aufgabe in unserem Leben. Sie soll uns als »realistische Angst, als Furcht« schützen. Schützen vor Gefahren, die real sind. Der Gegenspieler dieser nützlichen, schützenden Angst ist die »irrealistische Angst«, die »Phobie«, die uns mit der Macht unserer (negativen) Gedanken »Angst macht«. Die uns vormacht, was sein könnte, wenn ... Dieses »wenn« hat immer einen für uns tragischen, schmerzhaften, tödlichen Ausgang.

Und so stürzen wir in Gedanken bei jedem uns unbekannten Geräusch während des Fliegens bereits mit dem Flugzeug ab, explodieren oder verbrennen, wir hören nachts eine Tür zufallen und sehen uns – in Gedanken – bereits überfallen, beraubt ...

Wir planen, einen Tag lang »nichts zu tun« ... und hören bereits die lästernden Bemerkungen unserer Kollegen, Freunde, Familienmitglieder, die sich über unsere vermeintliche »Faulheit« lustig machen und schämen uns wegen deren anscheinend schlechten Meinung über uns.

Angstfrei und mutig durchs Leben gehen, aber mit dem Wissen, dass Mut nicht die Abwesenheit von Angst ist. Ein Mensch, der keine Angst kennt, ist kein mutiger Mensch. Ganz im Gegenteil. Es fehlt ihm ein ganz wichtiges Gefühl, das ihn einerseits schützen, andererseits zum Erkennen seines Ichs, seiner Stärken und Schwächen, animieren soll. Für ein erfülltes Leben aus der eigene Kraft heraus.

Auch die Kraft, seine Ängste zu bezähmen, zu beherrschen und Lebensenergie daraus zu schöpfen.

Wir können es erlernen, wenn wir wollen!

So wie bewusstes Nicht-Handeln.

Der Kreis schließt sich

Alle sechs Regeln des Tipota-Prinzips beziehen sich nicht nur auf alle vorangegangenen Kapitel des Buches, sie ergänzen sich untereinander. Sie schließen sich als Kreis. Sie sind ein Weg! Denn selbst wenn Sie Ihre Aufmerksamkeit, Ihre Zielsetzung, nur auf eine einzige Regel, zum Beispiel, »angstfrei sein«, legen, dann werden Sie automatisch auch mit den anderen Regeln, sei es nun mit Ihrer anzustrebenden Toleranz, der Ehrlichkeit (zu sich selbst), dem Ich-Bewusstsein oder der Offenheit und Treue konfrontiert. Eines ergibt das andere – und so ergeben alle sechs Regeln zusammen einen Lebensweg, eine Lebenseinstellung, die es wert ist, angestrebt, gegangen zu werden.

Es ist nicht ratsam, sich die sofortige Erfüllung und Befolgung aller sechs Regeln als Ziel zu setzen. Sie wissen ja, zu hohe Ziele, Erwartungen, bergen die Gefahr des Scheiterns in sich. Und damit die Wahrscheinlichkeit des Zweifels, der Selbstkritik, der Enttäuschung und des Aufgebens.

Aber sie in Ihrem Bewusstsein zu verankern, als »Programm« in Ihrem Gedanken-Computer zu speichern, das wäre bereits der erste wichtige Schritt. Große Ziele erreicht man mit kleinen Schritten am verlässlichsten!

»Auch Rom wurde nicht an einem Tag gebaut«, sagt ein altes Sprichwort. Dafür wurde es aber auch umso schöner.

Der »richtige« Augenblick!

Das richtige (zum richtigen Zeitpunkt) Aufhören ist genauso schwer wie das bewusste Nichts-Tun. Aber vielleicht werden Sie dies aus eigener Erfahrung ohnehin wissen. Um so mehr, als das eine ohne das andere nicht möglich ist ... denn man muss, bevor man bewusst nichts tut, mit etwas, was immer man gerade getan hat, ebenso bewusst aufhören.

Klingt einfach. Ist es aber nicht. Und gilt für alles, was wir in unserem Leben je getan haben, gerade tun oder tun werden.

Folgende Geschichte erzählt man sich von Mahatma Ghandi: Eine Schwester kam eines Tage zu ihm und erzählte ihm, dass sie mit dem Beten aufgehört habe, denn sie wolle sich nicht, wie sie sagte, immer etwas vormachen ... Ghandi soll darauf gesagt haben: »Ich verstehe nicht, warum du mit dem Beten aufhörst. Warum hörst du nicht auf, dir etwas vorzumachen?«

Nehmen wir dieses Buch, das Sie gerade in Händen halten. Das Kapitel über den »richtigen Augenblick aufzuhören« habe ich absichtlich als letztes nach den sechs Regeln des Tipota-Prinzips gewählt. Ob es »der richtige Augenblick« war, ich weiß es nicht. Vielleicht hätte es noch so viel mehr zu schreiben gegeben, so viele andere Beispiele und Ideen rund um das Thema »Nichts«.

Mit den »leeren Seiten«, die ich Ihnen zusammen mit meinen Erfahrungen und Überlegungen mit diesem Buch überlasse, haben Sie die Möglichkeit, Fehlendes, Ergänzendes oder ganz Neues hinzuzufügen.

Ich selbst halte es betreffend Schreiben eines Buches mit der Erkenntnis von Sir Peter Ustinov, der über das Bücher-Schreiben sagt: »Schreiben ist hart; man kommt so schwer dahinter, wann man aufhören muss!«

So ist es mit allem, was wir Menschen tun. Sei es nun im Privat- oder Berufsleben. Zu wissen, wo das – für jeden verschiedene – richtige Maß, der richtige Zeitpunkt zu finden ist, um » aufzuhören «.

Auf-hören ... Auf wen hören?

Und wie ist das mit dem »richtigen Zeitpunkt«?

Der »richtige Zeitpunkt« *ist* für uns leider nie, der *war* immer nur. Im Nachhinein betrachtet ... wäre das dann der richtige Zeitpunkt »gewesen«. So zumindest hat es für einen Großteil von uns Gültigkeit.

So muss es aber nicht sein. Wenn Sie auf-hören ... hören auf ... auf sich selbst.

Auf Ihre Intuition, Ihr höheres Ich, Ihr Gefühl ... sei es im Magen, im Herzen ... sei es eine innere Stimme oder ein Zeichen, das Sie erkennen und entsprechend deuten können.

Wir erhalten ununterbrochen solche Zeichen – und sehen sie nicht, weil wir damit nicht rechnen, darauf nicht vorbereitet sind. Sie sind aber da.

Halten Sie Ausschau. Sehen Sie sich in Ihrem Bekannten- und Freundeskreis um. Wie viele Beispiele von »versäumten richtigen Augenblicken« kennen Sie ... bewusst oder unbewusst? Der Hotelmanager, ein Freund von mir, der sich auf seine Pension nicht besonders gefreut hat, war er doch – glaubte er – im Unternehmen unersetzlich. Er hat aber immer gewusst, was er als allererstes machen würde, wenn er einmal in Pension gehen würde. Dann ging er in Pension (»wurde in Pension gegangen«, könnte man in Hinblick auf die Rationalisierungs- und Einsparungsmaßnahmen des Hotelkonzerns auch sagen) ... und erfüllte sich seinen Wunsch ... einige Wochen Urlaub unter Palmen in Sri Lanka. Am dritten Tag seines ersten längeren Urlaubs in seinem Leben starb er an einem Herzinfarkt.

Vieles, wenn nicht alles, kann ein Zeichen sein. Die Erlebnisse und Erfahrungen anderer oder eigene. Der veränderte Gesundheitszustand ebenso wie ein interessantes Angebot oder ein Traum.

Wichtig ist, dass Sie frei und offen für Veränderungen sind ... und diese zu-lassen. Dass Sie Ihr derzeitiges Leben los-lassen, sich nicht daran klammern.

Jetzt findet unsere Zukunft statt!

Gestern ist bereits vorüber, morgen wird vielleicht nicht sein ... oder zumindest nicht so, wie wir es »er-warten«, in Gedanken ins Heute projizieren ...

Was aber sicher zählt, ist das, was wir im Jetzt erleben, tun – oder nicht tun! Jeder Augenblick (Augen-Blick), jeder Wimpernschlag, der in diesem Moment – jetzt – stattfindet, vereint bereits unsere Vergangenheit und unsere Zukunft ...

Der richtige Augenblick ist jetzt! Dessen müssen wir uns bewusst werden, um uns nicht in weit gesteckten Zielen, unerreichbaren Plänen und nie eintretenden (meistens negativen) Erwartungen vom augenblicklichen Leben, dem Jetzt, zu entfernen.

Sich ein Ziel setzen, ein Vorhaben haben, mag für viele von uns eine positive Motivation sein. Aber der richtige Augenblick, damit zu beginnen oder zu unterlassen, der ist jetzt. So, wie das erfolgreiche Erreichen des Ziels für den Rennläufer bereits mit dem Augenblick beginnt, in dem er die Startlinie verlässt. Nachdem er zuvor *nichts* getan hatte. Sich gesammelt, konzentriert ... um aus dieser Losgelöstheit heraus, dem bewussten Nicht-Handeln, mit aller damit gesammelten Energie – im »richtigen Augenblick« – zu starten.

So ist es auch mit jedem Augenblick unseres Lebens. Unseres »Lebens-Laufes«.

Was und wer hindert uns daran?

NICHTS?

Literaturempfehlungen

Johannes v. Butlar, Zeitreisen, Gustav Lübbe Verlag, Bergisch Gladbach, 1998

John Davidson, Das Geheimnis des Vakuums, Omega Verlag, Aachen, 1996

Midas Dekkers, An allem nagt der Zahn der Zeit, Karl Blessing Verlag, München, 1999

Emma Dickens (Hrsg.), Das Da-Vinci-Universum, Ullstein, 2006

Masaru Emoto, Die Botschaft des Wassers, Koha Verlag, Burgrain, 2002

Bruno Ernst, Der Zauberspiegel des M. C. Escher, Taschen Verlag, Köln, 2007

Erich Fromm, Die Kunst des Liebens, Ullstein, Berlin, 2007

Al Gore, Eine unbequeme Wahrheit, Riemann Verlag, München, 2006

Stephen Hawking/Roger Penrose, Raum und Zeit, Rowohlt, Reinbek, 1998

Stephen Hawking/Leonard Mlodinow, Die kürzeste Geschichte der Zeit, Rowohlt, Reinbek, 2006

Martin Heidegger, Sein und Zeit, Max Niemeyer Verlag, Tübingen, 2006

Banes Hoffmann, Einsteins Idee, Spektrum/Akad. Verlag, Heidelberg, 1991

Patrick Jaros/Günter Beer, Das Nichts-Wegwerfen-Kochbuch, Paragon Books, Bath, 2007

Stefan Klein, Zeit – Der Stoff, aus dem Leben ist, S. Fischer Verlag, Frankfurt a. M., 2006

Die Knauserer, 1. Online-Zeitung für Sparsame, www.dieknauserer.at

Peter H. Ludwig, Sich selbst erfüllende Prophezeiungen im Alltagsleben, Verlag für angewandte Psychologie, Stuttgart, 1991

Ludger Lütkehaus, Nichts, Haffmans Verlag, Zürich, 1999

Jeane Mannings, Freie Energie, Die Revolution des 21. Jahrhunderts, Omega Verlag, Aachen, 1998
Carlo Maria Martini, Umberto Eco, Woran glaubt, wer nicht glaubt? dtv, München, 1999
Joseph Murphey, Die Macht Ihres Unterbewusstseins, Ariston Verlag, Genf, 1981
Christian Opitz, Unbegrenzte Lebenskraft durch Tachyonen, Hans Nietsch Verlag, Freiburg, 1996
Christa Pöppelmann, 1000 Irrtümer der Allgemein-Bildung, Compact Verlag, München, 2007
Rudi Rhode, Maria Sabine Meis, Wortlos sprechen, Oesch Verlag, Zürich, 2004
Brian Rotman, Die Null und das Nichts, Kulturverlag Kadmos, Berlin, 2000
Antoine de Saint-Exupéry, Was du gibst, macht dich nicht ärmer, Benziger Verlag, Düsseldorf u. Zürich, 1999
Erich Scheuermann, Der Papalagi, Die Reden des Südseehäuptlings Tuivaii aus Tiavea, Tanner+Staehelin, Zürich, 1977
Paul Watzlawick, Wie wirklich ist die Wirklichkeit? Piper, München, 2007
Paul Watzlawick, Anleitung zum Unglücklichsein, Piper, München, 2007
Stuart Wilde, Geld – Fließende Energie, Sphinx Verlag, Basel, 1996
Jean Ziegler, Wie kommt der Hunger in die Welt? Ein Gespräch mit meinem Sohn, Goldmann, München, 2000
Viktor W. Ziegler, Freude am Fliegen, Ibera, Wien, 2000